ヤンゴンの休日

黄金郷のスローライフ

沙智

Kan Kan Trip

目次

Myanmar Map
ミャンマーマップ

横断山脈
四川省
ヒマラヤ山脈
▲カカボラジ山
5,881m
中華人民共和国
ティンプー
ブータン
アッサム
長江
ブラマプトラ川
インド
雲南省
バングラデシュ
ダッカ
ミャンマー
西双版納
タイ族
自治州
マンダレー
シャン州
ベトナム
バガン
サルウィン川
ラカイン州
ネピドー
ラオス
エーヤワディー川
ヴィエンチャン
メコン川
ヤンゴン
ヤンゴン川
タイ
バンコク
カンボジア
プノンペン
アンダマン海
マレーシア

はじめに

　ヤンゴンでは、優雅だなと思うシーンにたくさん出会う。

　女性が花を摘んで髪に飾るしぐさ。身体にぴったりの服を着たしなやかな姿。

　喫茶店の木陰の席で、通りを眺め何もしないで過ごす人。炭火で調理した出来たての料理。うまい冗談を交え気持ちよく会話を楽しむ人たち。パゴダの境内に座り瞑想して一人別の世界にいる人……。地元の人にとっては、どうってことない日常だろうけど、わたしにはどれもうらやましく素敵に映る。

　ヤンゴン川のフェリーを吹き抜ける朝の風もそのひとつ。朝のフェリーは通勤客でいっぱいだ。三、四段になったステンレスのランチボックスを持っている人もいる。フェリーの喫茶店でお茶を飲んだり、友人たちとおしゃべりをしたりしながら川を渡る。

　コンクリートやレンガのビルが建ち並ぶヤンゴン側へフェリーが着くと、これから出勤する大勢の人たちが続々と船を降りてゆく。その人の流れと一緒に、わたしもヤンゴンの街へ入っていった。

Yangon Map
ヤンゴンマップ

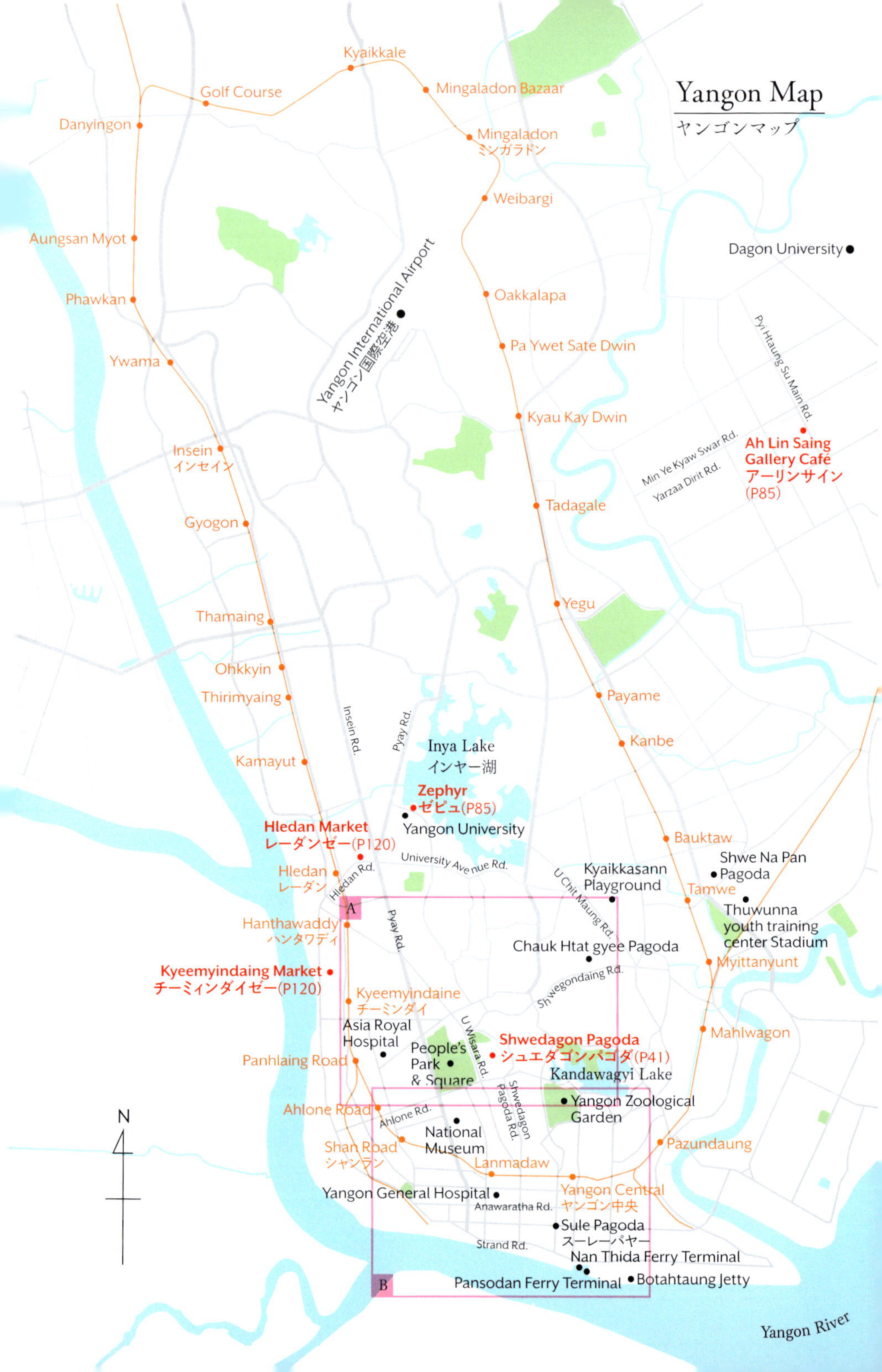

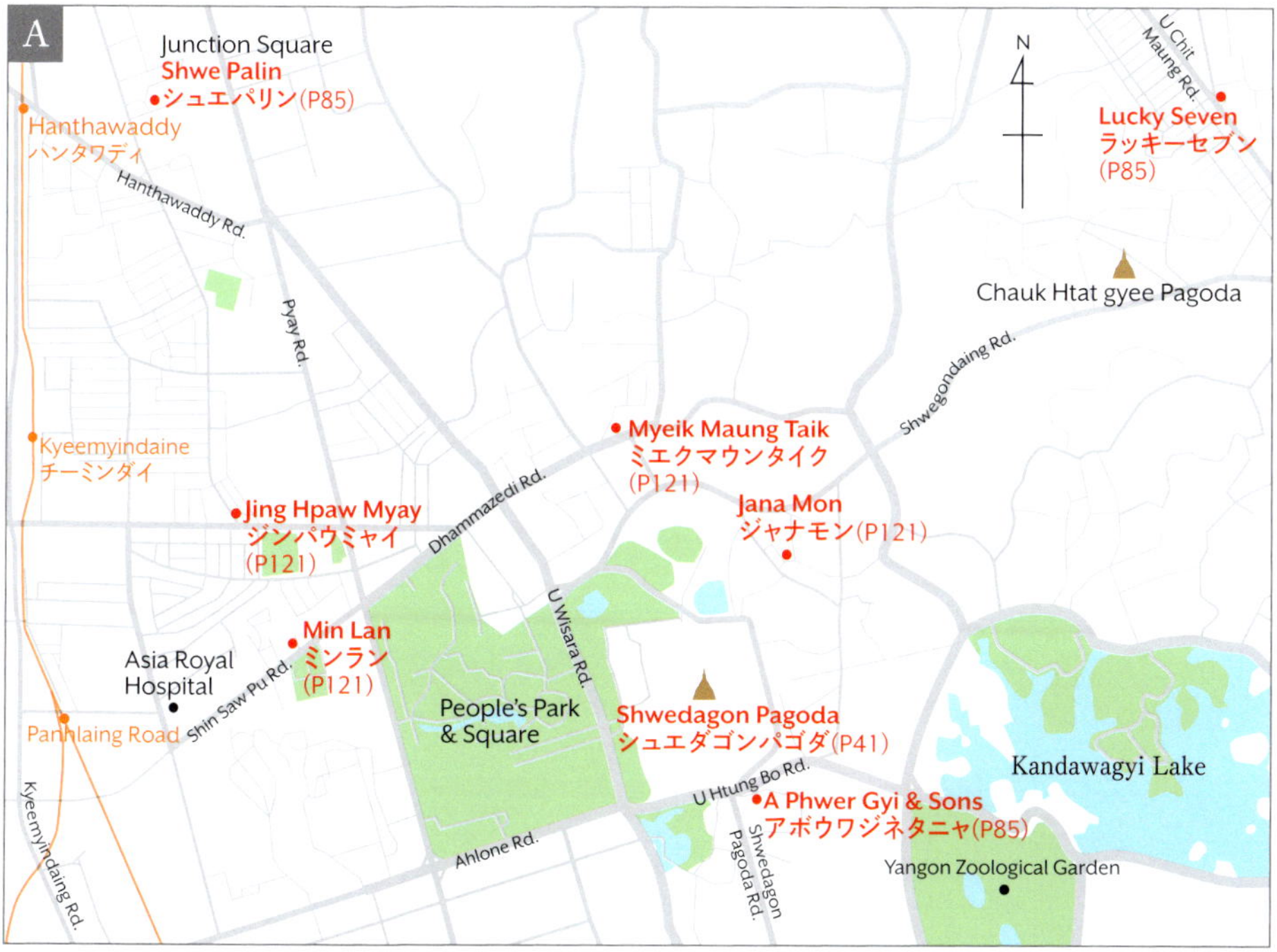
A
Junction Square
Shwe Palin
シュエパリン(P85)
Hanthawaddy
ハンタワディ
Hanthawaddy Rd.
Pyay Rd.
Kyeemyindaine
チーミンダイ
Jing Hpaw Myay
ジンパウミャイ
(P121)
Dhammazedi Rd.
Myeik Maung Taik
ミエクマウンタイク
(P121)
Jana Mon
ジャナモン(P121)
Min Lan
ミンラン
(P121)
Asia Royal Hospital
Shin Saw Pu Rd.
Panhlaing Road
Kyeemyindaing Rd.
People's Park & Square
U Wisara Rd.
Shwedagon Pagoda
シュエダゴンパゴダ(P41)
U Htung Bo Rd.
A Phwer Gyi & Sons
アボウワジネタニャ(P85)
Ahlone Rd.
Shwedagon Pagoda Rd.
Kandawagyi Lake
Yangon Zoological Garden
Shwegondaing Rd.
Chauk Htat gyee Pagoda
Lucky Seven
ラッキーセブン
(P85)
U Chit Maung Rd.
N

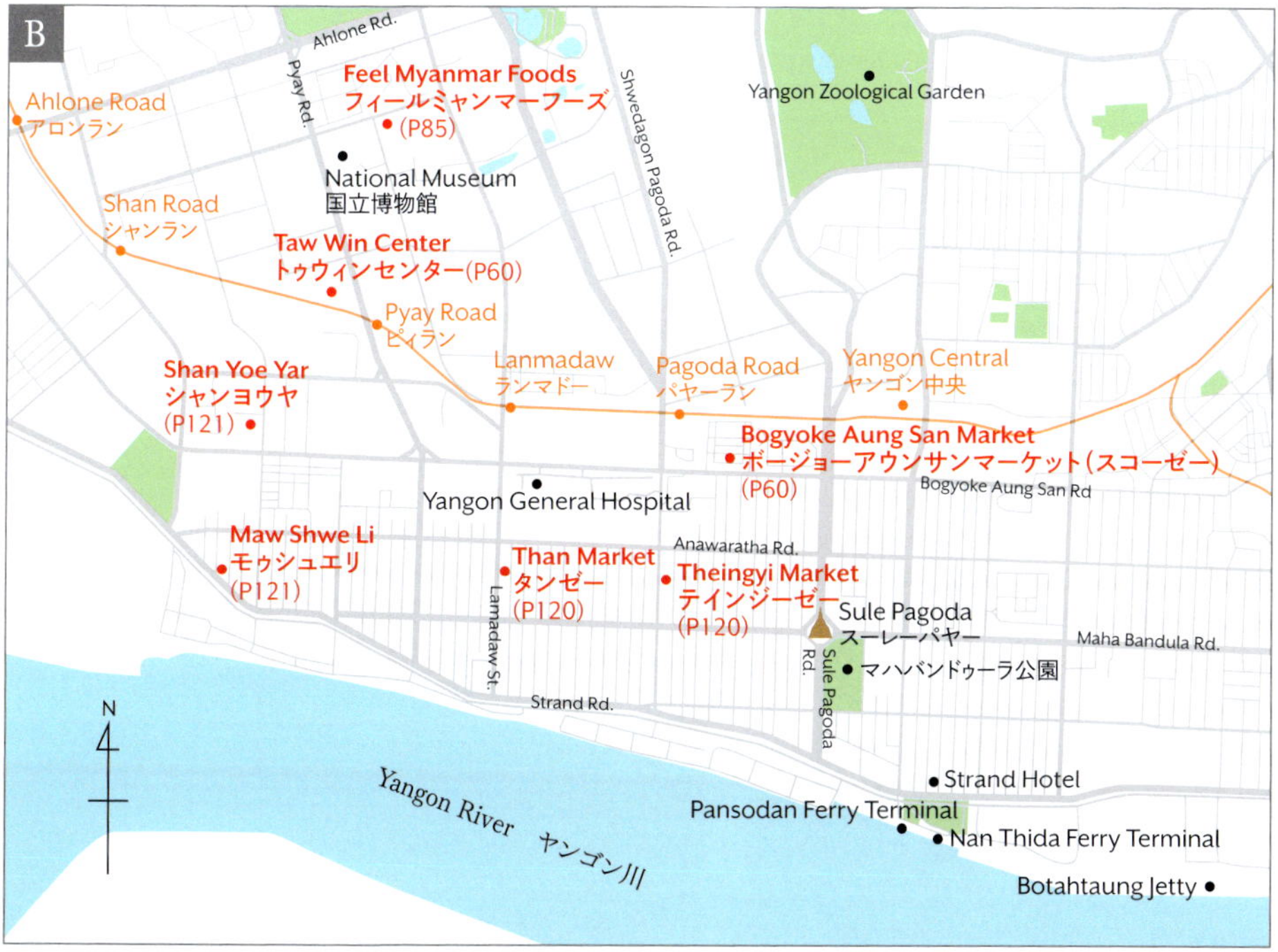
B
Ahlone Rd.
Pyay Rd.
Ahlone Road
アロンラン
Feel Myanmar Foods
フィールミャンマーフーズ
(P85)
National Museum
国立博物館
Shwedagon Pagoda Rd.
Yangon Zoological Garden
Shan Road
シャンラン
Taw Win Center
トゥウィンセンター(P60)
Pyay Road
ピィラン
Shan Yoe Yar
シャンヨウヤ
(P121)
Lanmadaw
ランマドー
Pagoda Road
パヤーラン
Yangon Central
ヤンゴン中央
Bogyoke Aung San Market
ボージョーアウンサンマーケット(スコーゼー)
(P60)
Bogyoke Aung San Rd
Yangon General Hospital
Maw Shwe Li
モゥシュエリ
(P121)
Than Market
タンゼー
(P120)
Anawaratha Rd.
Theingyi Market
テインジーゼー
(P120)
Sule Pagoda
スーレーパヤー
Maha Bandula Rd.
マハバンドゥーラ公園
Sule Pagoda Rd.
Lamadaw St.
Strand Rd.
N
Yangon River ヤンゴン川
Strand Hotel
Pansodan Ferry Terminal
Nan Thida Ferry Terminal
Botahtaung Jetty

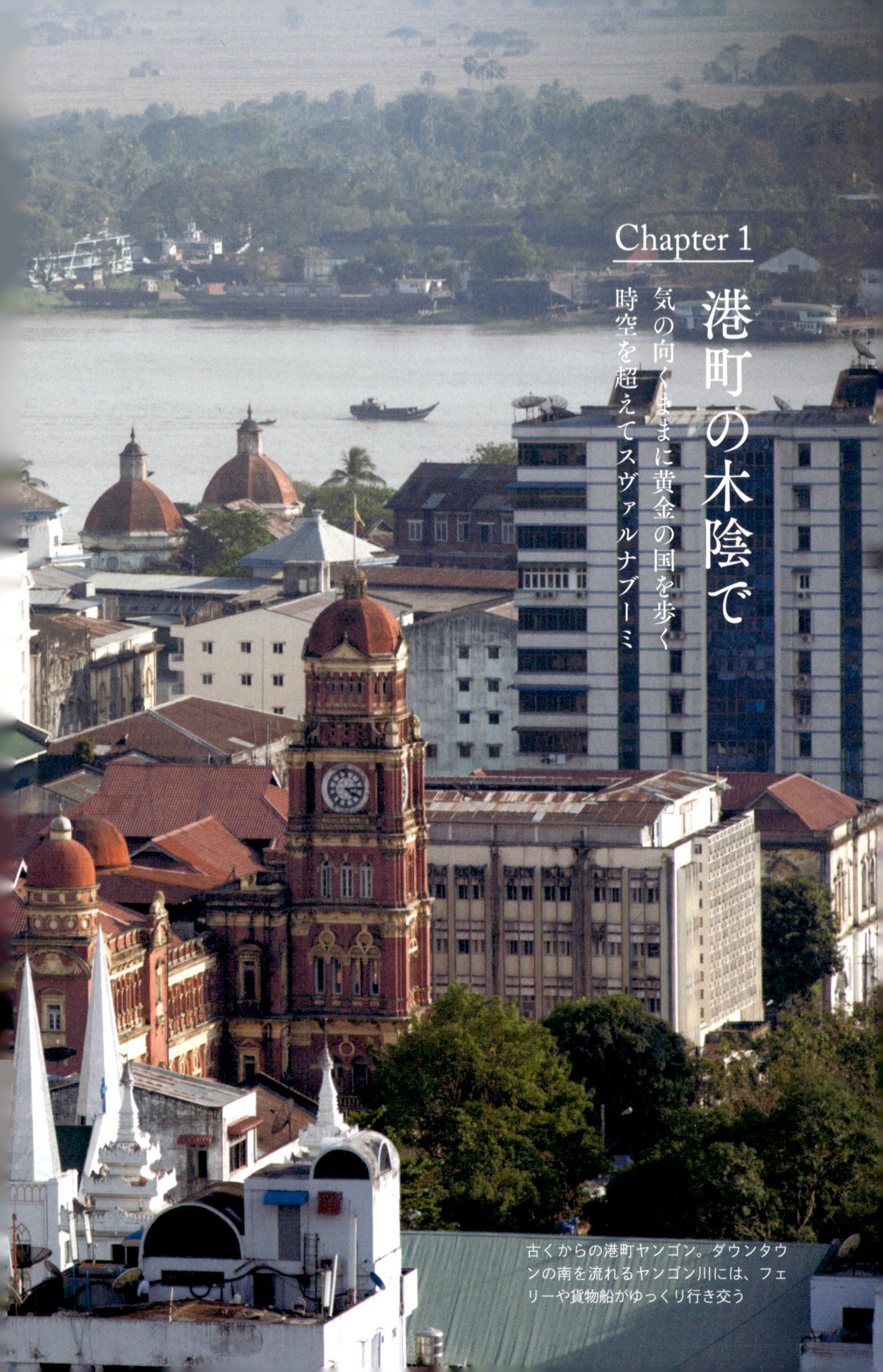

Chapter 1

港町の木陰で

気の向くままに黄金の国を歩く
時空を超えてスヴァルナブーミ

古くからの港町ヤンゴン。ダウンタウンの南を流れるヤンゴン川には、フェリーや貨物船がゆっくり行き交う

MYANMA PORT AUTHORITY

光と影の時間

　金色に輝くパゴダを中心に、道が網の目のように広がるヤンゴンの街。陽が昇り街を照らし始めると、日時計のように街中の影がゆっくり動いて時を知らせる。涼しい影が通りにやってくると、その影の中にテーブルと椅子を並べたティーショップが店を出す。いつもの時間に、いつもの客がやってきて、昨日のシーンの続きが始まるのだ。他の街から来た人やわたしのような旅人も、お茶に加えられる砂糖やミルクのように溶け込んで、街のシーンをつくっていく。

　華人が多い通りのティーハウスの木陰の席で、わたしはサモサを食べていた。カリッと揚がった生地の中には、マサラの効いたじゃがいもやシャロットなどの具がぎっしり詰まっている。最後のひと片をほおばり顔を上げると、隣のテーブルの男性と目が合った。口をもぐつかせたまま、照れながら目で挨拶する。白とグリーンのボーダー柄のポロシャツにチノパン、歳は三十歳ぐらいだろうか。男性は、サモサが喉を通るのを待っていたように、「日本人ですか？」となめらかな日本語を口にした。「え、日本人ですか？」と私が驚いて聞き返すと、ミャンマー人ですと笑って、日本の大学に留学したからと嬉しそうに話し始めた。彼はヤンゴン生まれで、台湾に移住した人だった。ミャンマーが民主化されて欧米の経済制裁が解かれたのを期に、ヤンゴンに戻って、携帯端末や建築資材などを扱うビジネスを始めたのだという。「車のパーツも扱おうと思っているんですよ。ほら、日本の中古車がたくさん走ってるでしょ」と彼は通りの車に目を向けた。数年後には故障しだすから、必ずパーツが必要になる。それを狙うのだそうだ。「こんなにビジネスしやすい国はないですよ。流行るとすぐ飛びついて買ってくれるんですから。だからね、資金さえあれば、いくらでも可能性があります」と目を輝かせた。彼の頭には、ビジネスのアイディアがあふれるように湧き出てくるのだろう。

オープンエアーのティーショップ。ゆったりとした時間が流れている

早朝のダウンタウン。大通りには重厚な古い建物が建ち並ぶ。中にはカフェやギャラリーに改装した建物もある

今、ヤンゴンは建築ラッシュ。観光客は年々増えていているからホテルは足りないし、富裕層向けのコンドミニアムやショッピングモールもあちこちに建設されている。古い建物を壊して新しい建物をつくる一方で、レトロな建築を保存しようという動きもある。古い建物は修復され、町の随所にかつての優雅な佇まいを残している。ヤンゴンの古い建物は、ヨーロッパのコピーに見えるかもしれないが、実際は、東洋に憧れを抱いたヨーロッパ人が、中東やインドの建築に倣って建てた「西洋建築」なのだ。

ヤンゴンの港は、古くから栄えた国際港。毎日外国船が寄航して、燃料などを補給したり、ミャンマーで採れた石油や木材などの天然資源や米などの農産物、国内の工場で作られた製品などを積み込んでゆく。港付近には、港湾局、五つ星ホテルのストランドホテル、カスタムハウスや裁判所など港にまつわる英領ビルマ時代に遡る歴史的建造物が建ち並び、主要な通りには、背の高い街路樹が生い茂る。官庁街の一画を、ロンヂー姿の人たちが颯爽と歩く。重厚な古い建物を背にして、小さな日傘をさした女性がしなやかに通りを渡ってこちらにやってきた。日傘と、清楚な白いレースのブラウスに腰布のロンヂー。ミャンマーのクラシックな装いに思え素敵だなと見とれてしまう。

港町をめぐる

明け方のまだ暗いころ、イスラームのお祈りの時を知らせるアザーンが、歌うようにモスクから流れるのが聞こえる。そのころ仏教の僧院では、僧侶たちが漆塗りの黒い鉢を抱え、列をなして托鉢に向う。通りには、僧侶に食べ物を差し上げようと待つ人々がいる。ヒンドゥーの女神を祀る祠の前で、花や米の粉を撒き礼拝している女性の姿もある。「今日もよい日であるように」と願う、朝ならではの清らかなワンシーン。東南アジアの他の都市同様に、ヤンゴンの街もさまざまな暮ら

朝は托鉢僧の姿が見られる。
赤い建物は裁判所

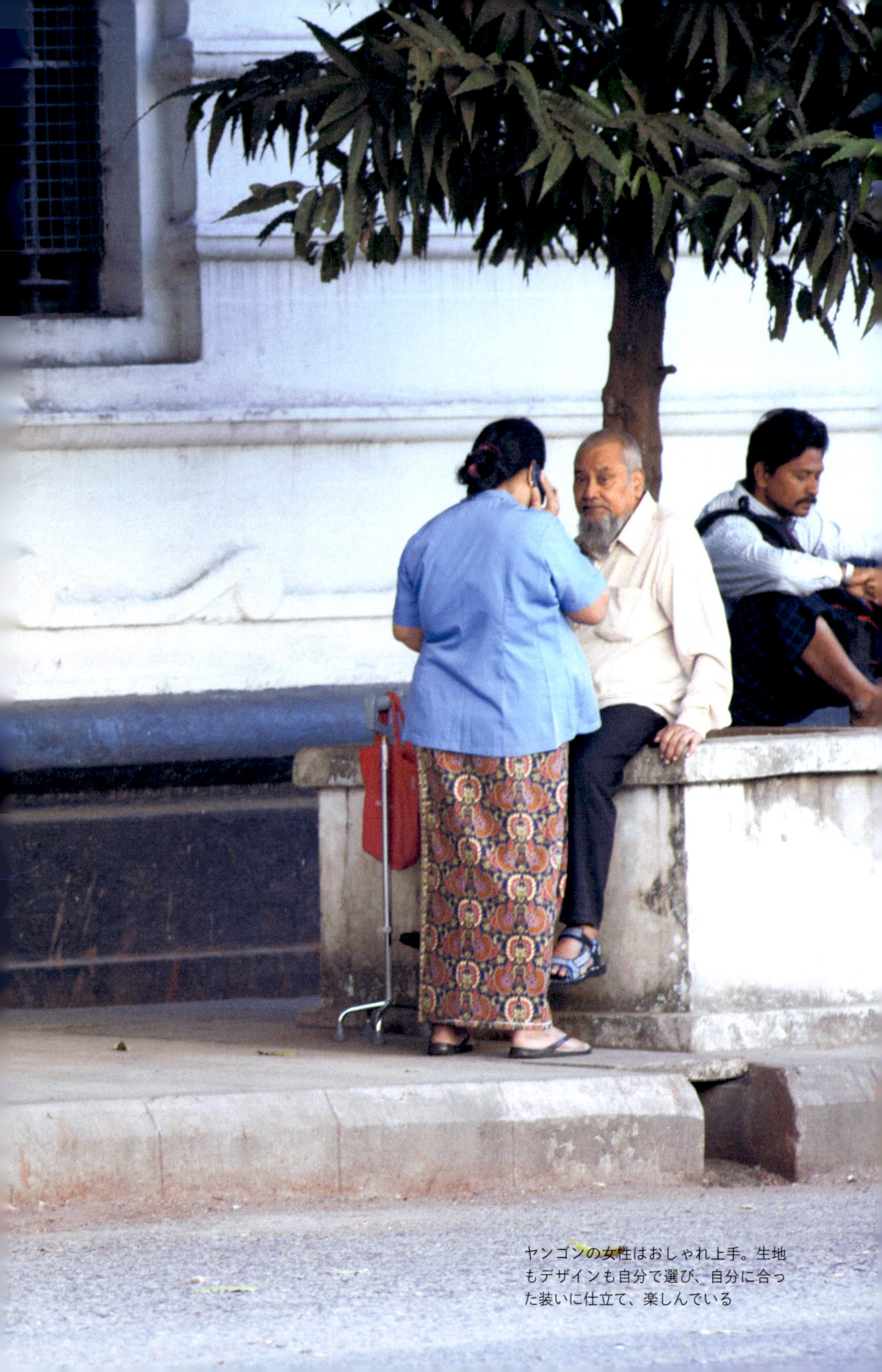

ヤンゴンの女性はおしゃれ上手。生地もデザインも自分で選び、自分に合った装いに仕立て、楽しんでいる

10
မြန်မာ့ဆိပ်ကမ်းအာဏာပိုင်
MYANMA PORT AUTHORITY

デザイナーコチーのはんこ店

しのスタイルに彩られている。

港に近いダウンタウンには問屋街が広がる。宝石店が並ぶ通りや工具を商う店の通りなど業種ごとにかたまっていて、露店の喫茶店や屋台、生鮮市場の通りもあって活気に溢れている。スーレーパゴダの北の細い通りに入ってみると、淡いピンクや水色のインヴィテーションカードの見本を店先に吊るした印刷屋が軒を連ねていた。カードには、象に乗った少年と大勢の人を描いたきらびやかなイラストが描かれている。ミャンマーの男子の通過儀礼「シンビュー」の招待状のようだ。結婚式のカードもあるが、それよりもシンビューのカードのサンプルの方がずっと多い。店の奥では、カードに一枚ずつ、手作業で金の箔押しをしていたりして、なかなか興味深いのだった。

印刷屋が終わったあたりに、はんこ屋がかたまってあった。ここで自分のスタンプをつくってもらおうと思いたつ。ミャンマー語の文字はコロコロしていてかわいいので、自分の名前をミャンマー語に音写してもらうことにした。店頭で楽しそうに談笑している丸眼

涼しくなる夕方から、人々は外に出てお茶や買い物を楽しむ

鏡をかけたおじさんの店に足が向く。おじさんにスタンプをつくりたいと伝えると、「わたしはデザイナー、コチー」と威厳に満ちた顔を見せたあと、フフッと照れたように笑った。おじさんの人柄に魅せられ思わず、ロゴもデザインして入れてくださいと頼む。おじさんは「うーむ」と私の顔を数秒眺め、ひまわりの花はどう？とすすっと紙に描いて見せてくれた。なんだか楽しげなひまわりだ。ロゴ入りスタンプを注文し、ちょっとうきうきして店を出た。

ダウンタウンを歩いていて不思議に思うことがある。ダウンタウンには、インディアンストリートとかチャイナタウンと呼ばれるところがある。東南アジアの他の都市では、インディアンストリートに行けば、サリーやパンジャブスーツを着た女性に多く会うし、チャイナタウンに行けば、太いズボンにブラウスという福建など中国南方系のトラディショナルツーピースを着た女性を多く見る。それなのに、どうしたことかヤンゴンでは、インド系の人も中国系の人もみんなロンギーを身に着けている。ビルマ人と同じロンギー姿の方

市場の果物売り。市場は朝暗いうちから買い物客で賑わう

が好ましい何か理由があるのだろうか――。

そういえば、わたしが知る限り、どこの国でも男性から先に伝統的な衣装を脱ぎ捨てるが、ミャンマーではまだ多くの男性がロンヂー姿で颯爽と歩いている。ロンヂーを穿いた男性は、なぜかみんなかっこよく見える。

黄金の国スヴァルナブーミ

ダウンタウンの北に、有名な仏塔「シュエダゴンパゴダ」がそびえている。シュエは黄金を意味し、ダゴンはヤンゴンの古称だ。この仏塔の参道に古い石碑があって、仏塔縁起がミャンマー語とモン語で記されている。じつはこのモン語を話す人たちは、ビルマ人がやってくるより遥か昔からこの地に王国を興し、インドやスリランカを相手に海洋交易で栄えていた。

オフィス街に出るお菓子の露店。仕事の合間にお菓子を買いに来て、ほっとなごむ

古い記録によると、この一帯（タイあたりまで）は、インドの商人たちから楽園のように見えたらしく、「スヴァルナブーミ（黄金の国）」とばれていた。気候の厳しいインドからすると、年中温暖で稲は多毛作が容易、野菜や果物に恵まれ、川や池には魚が群れ、水にも困らない豊かな暮らしが保証された自然風土は、まさしく黄金の地に見えたのだろう。

このスヴァルナブーミ、日本人には後に「南蛮」という地名で知られる。美しい織物や砂糖を産する先進技術を有し、焼き物や宝石や伽羅木など高価な産物にあふれた南蛮は、「天竺」と並ぶ憧れの地だった。日本人は、南蛮の品々を「南蛮もの」といって珍重し、南蛮の品々を運んで売りに来る西洋人をも「南蛮人」と呼ぶようになった。

ヤンゴンの南をゆったりと流れる大河ヤンゴン川。今もこの川を介して内陸の産物が海外へと運ばれる。通勤客を乗せた渡しのフェリーが静かに行き来し、水平線になって広がる下流には、夕陽を浴びた外国航路の貨物船が小さく光っていた。

朝靄の中、アンダマン海へ注ぐヤンゴン川の下流には、いくつもの外国航路の貨物船が朝日を浴びて浮かび上がる

Chapter 2

癒しの聖地

シュエダゴンパゴダ

ティンゴウタヤ丘の上に聳えるシュエダゴンパゴダ。４年に一度修復される

仏像には、ジャスミンや黄金花などの
白く清らかな花輪が供えられる

シュエダゴンパゴダには、パワースポットがいくつもある

占いの力

夕方のスーレーパゴダ通り。街路樹の木陰に小さなテーブルを置いて、客待ちしている占い師が四人いた。興味を持った瞬間、いらっしゃいと手招きされるまま、私はその男性占い師の前に座ってしまった。すでに陽は落ちて、夕焼けの空が青く暗くなってきている。テーブルに灯されたローソクの光が、初老の占い師の顔に濃い影をつくっていた。英語で問われるままに生年月日を伝えると、数字がたくさん書かれた表を元になにかを計算し始め、青いボールペンでメモ帳にいくつも数字を書き込んだ。今度は、わたしの右手をとって手相をみる。今のわたしの手には、八曜全ての天使がいる。だから、今年から三年間はとても良い年で、お金もたくさん儲かる。結婚もこの三年のうちにすると幸せになる。でも、だんだん天使は旅立って行くので、それ以降は、運気が落ちてだめだという。結婚もこの

三年を過ぎてからすると、自分も周囲もみんなが不幸になるのだそうだ。

「心配しなくて大丈夫。三年後も運が悪くならないように、これをあげます」。占い師は、使い込んだ革の鞄の中から、紙で包んだローソクを一本取り出し、わたしの掌に置いた。ローソクを包んだ白い紙には呪文のような黒い文字が細かく描かれている。その上をらせん状に巻く金の細い紙紐がローソクが聖なるものであることを匂わせた。占い師は、ローソクを私の掌で転がしながら、低い声でつぶやくように呪文を唱える。ローソクを転がすたびに、占い師の薬指にはめられた指輪の大きなルビーが、テーブルのローソクの光を受けて赤く輝いた。

「明日、このローソクを持ってシュエダゴンパゴダに行きなさい」という。運勢のおかげで、ミャンマー人がするようにパゴダに参拝できることを喜び、ローソクが折れないように大事にホテルへ持ち帰った。

ミャンマーの人にとって占いはとても身近なもの。友人たちは、よくお坊さんに占ってもらうそうだ。就職、結婚、出産、新築などの節目には必ず占いをする。子供を授かったら、生まれてくる子供の運勢がよくなるように、いつ産んだら幸せな子になれるか占ってもらう。占いに従って出産の日を決め、帝王切開で生む人もいる。占いでいう生まれの日とは曜日のことで、ミャンマー人ならだれでも自分が何曜日に生まれたかを知っている。名前も曜日にちなんだ名前にするのが一般的だから、名前をきけば、その人が何曜日生まれかわかるそうだ。

ミャンマーの首都は、二〇〇六年にヤンゴンからネピドーへ遷都したが、その引っ越しも、占いの日時に従って、二〇〇五年一一月六日早朝に開始された。

シュエダゴンパゴダの伝説

翌朝、占い師の指示どおり、ローソクを持ってシ

自分の曜日の祈願所で参拝する人々。ローソクと線香を灯し、花や水を供えて祈る

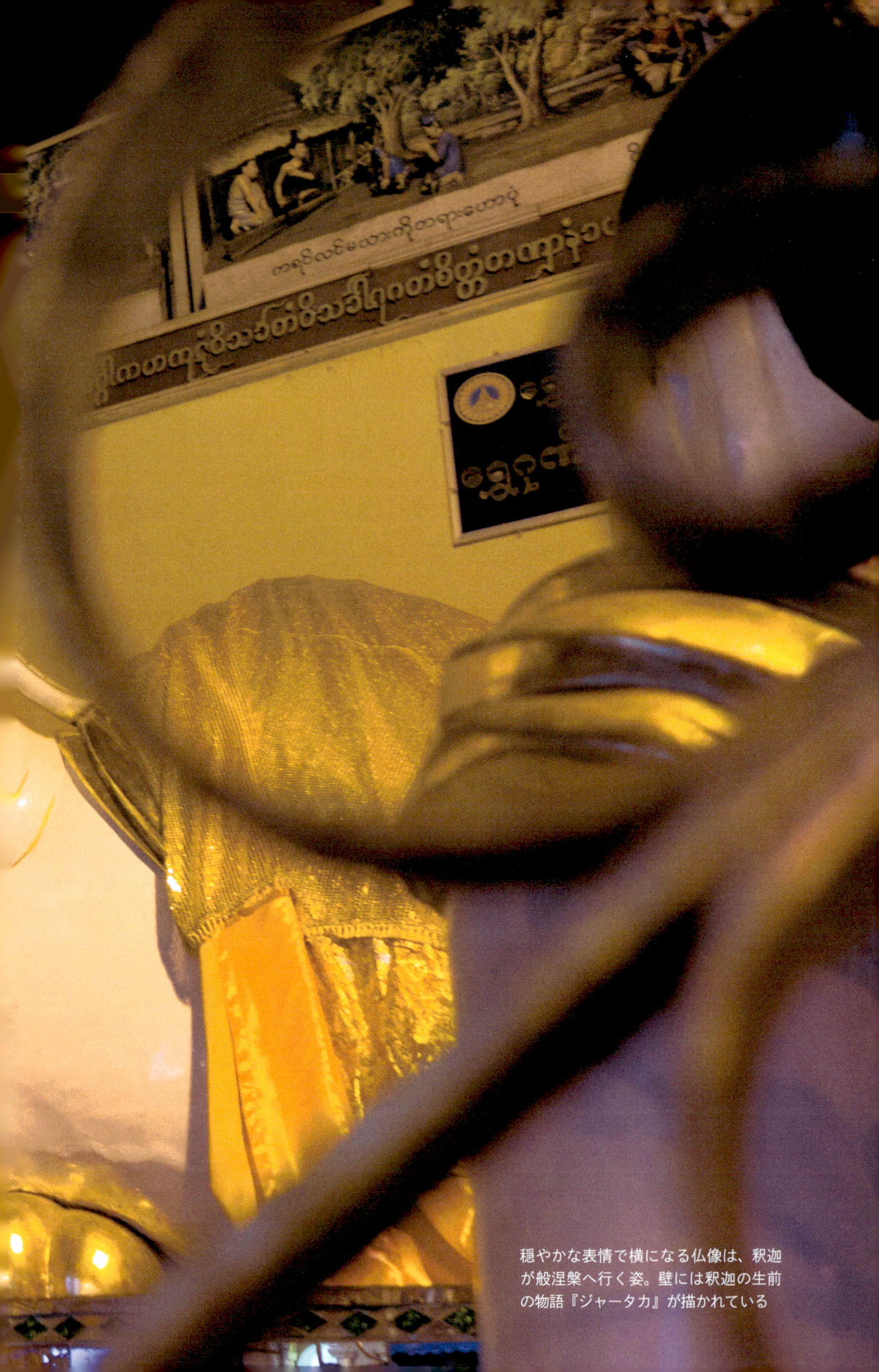

穏やかな表情で横になる仏像は、釈迦が般涅槃へ行く姿。壁には釈迦の生前の物語『ジャータカ』が描かれている

お参りに来る人は夜遅くまで絶えない

ユエダゴンパゴダへ行く。巨大な黄金のパゴダは、強い日差しの中で涼しげな光を放っていた。

パゴダの周りには、生まれた曜日ごとに分かれて祈願所がある。みんな、自分の曜日の祈願所でローソクを灯し、仏像と守護動物に線香や水、花などを供えて祈願する。わたしは金曜日生まれで守護動物は天竺ねずみ。自分の曜日の祈願所を探していると、わたしが手にしているのと同じローソクが立っているのをみつけた。線香の煙の中で炎が揺れ、溶けて半分ほどになっている。わたしと似た運勢の人がいるのだ。このローソクは厄除けだろうか。自分の曜日の祈願所にたどり着き、ローソクに火をつけて立てた。炎はしっかりあがって消える心配はなさそうだ。そそっかしく落ち着きのないわたしだが今日は慎重だ。ここまでローソクを折らずに持って来られたことにほっとする。ひざまずいて手を合わせた。ローソクの炎の向こうには、わたしの仏像と守護動物の天竺ねずみ、その向こうには、黄金のパゴダが聳えている。深呼吸すると、すーっと清らかな気持になるのだった。

境内の壁には、様々な伝説のシーンが描かれている

みんなの真似をして、ジャスミンの花輪に埋もれた白い大理石の仏像に水をかける。銀色の小さなボウルで水をすくって、頭や肩や手などいろんなところに水を掛けた。その下にいる金の天竺ねずみにも、再び仏像にも、これでよし！と思えるまで何度も水をかけた。

シュエダゴンパゴダは仏教徒にとって最も神秘的な聖地。ここにはお釈迦様の毛髪伝説があるからだ。今から二五〇〇年ほど前、ヤンゴンあたりは、ラーマニヤ国というモン人の王国だった。あるとき、この国の商人タプッサとバリカという兄弟が商用でマガダ国へ行った。マガダ国はミャンマーの西隣、今のインドとバングラデシュあたりだ。二人は船に乗ってベンガル湾を渡り、ガンジス川の河口から遡ったのだろう。マガダ国に入って旅を続けていると、森の中で悟りをひらいたばかりのお釈迦様と遭遇する。二人は、大きな樹の下に座るお釈迦様の尊い姿に心を打たれ、思わずお菓子を喜捨し、帰依者になることを誓った。そして、お釈迦様の毛髪を八本頂いて帰国し、国王に献上した。王はその尊い毛髪を金の厨子《ずし》に納め丘の上に祀った。それが

大理石の境内に座りパゴダを眺めくつろぐ家族。仏教徒の聖日に当たる満月の日は、多くの信者が参拝に訪れる

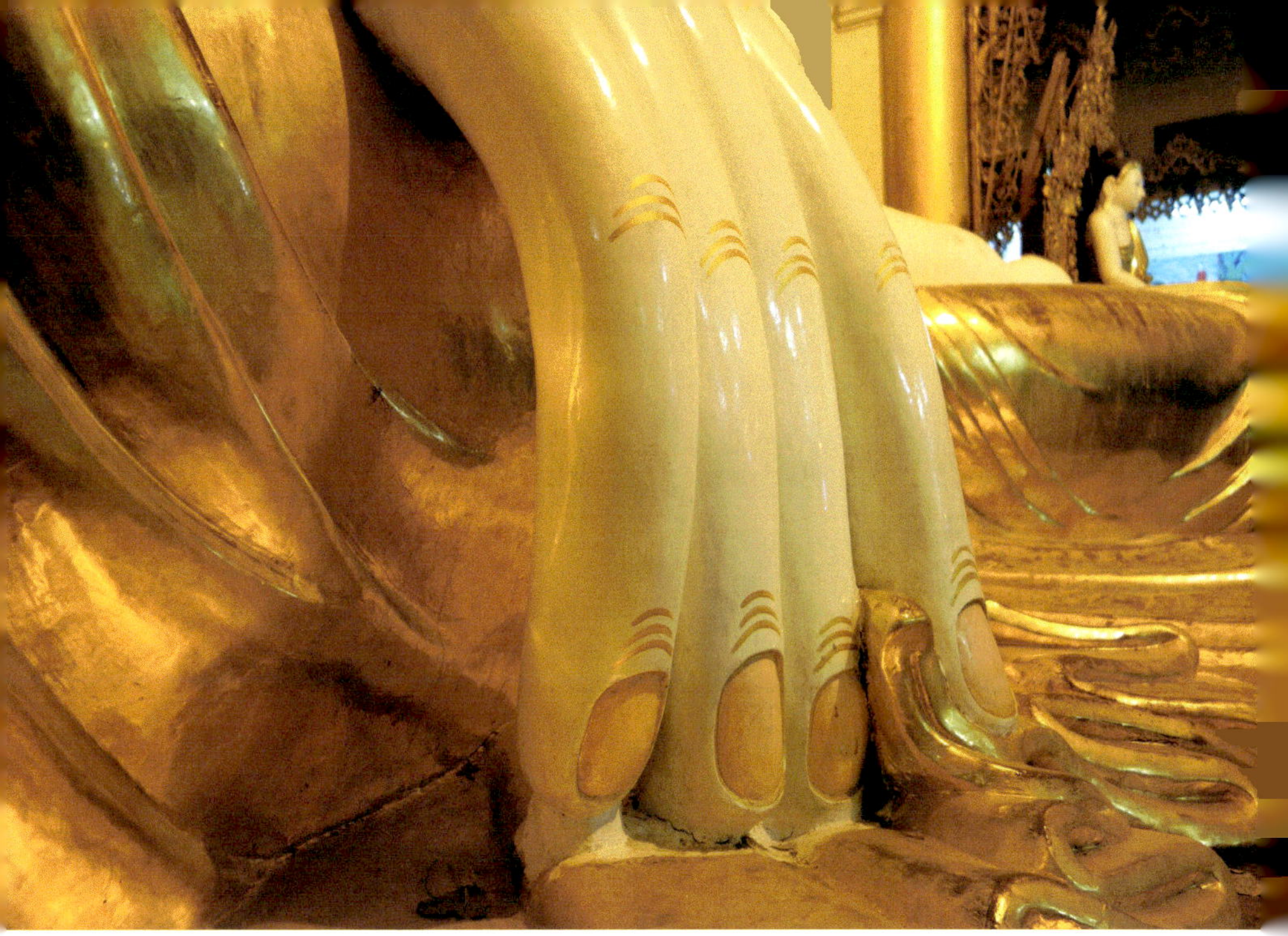

仏像の右手の指は大地に触れる触地印。釈迦が悟りを開いた瞬間を表している

シュエダゴンパゴダの起源といわれている。

最初に悟りをひらいたのはお釈迦様だと思っていたが、お釈迦様よりも前に悟りをひらいた人が三人いたことをシュエダゴンパゴダで知った。シュエダゴンパゴダの東西南北の参道を登った正面に、お釈迦様を含むその四人が仏像になって座っている。北の参道を登ったところには釈迦牟尼《しゃかむに》、東に拘留孫《くるそん》、西に迦葉《かしょう》、南に拘那含牟尼《くながんむに》がいる。四体とも右手の指を伸ばして大地に触れていて、この姿は悟りをひらいた瞬間を表しているという。ただ、東の拘留孫仏だけは人差し指を曲げていて、この指にはロープが結んである。そのロープは、パゴダの下のヤンゴン川とつながった地下水に浮かぶ石製の厨子につながっている。厨子には、前述の商人兄弟が持ち帰ったお釈迦様の毛髪と他の三人の遺品が入っている。ヤンゴンは海に近いから、ヤンゴン川の水面もパゴダの下の地下水も潮の干満で上下する。それなのに石製の重い厨子がいつも水面に浮かんでいるのは、拘留孫仏の指が潮の干満に応じてロープを上下に動かしているからなのだという。

シュエダゴンの宝物

境内にはひときわ目立つ巨大な銅の釣鐘がある。この下で、女性が一人座って瞑想していた。この釣鐘にも面白い伝説がある。

昔、ポルトガル人がヤンゴンにやってきたとき、シュエダゴンパゴダに寄進された黄金や宝石を略奪した。その時、境内にあった巨大な銅の釣鐘も溶かして大砲にしようと盗んだが、途中で川に落としてしまい、引き上げることができなかった。

その二百年後、今度はイギリス人がやってきてヤンゴンを占領した。イギリス人も、土地の人々が寄進したシュエダゴンパゴダの宝物を略奪し、銅の釣鐘も盗んで船に乗せようとした。しかし、ポルトガル人同様、海に落としてしまい、どうやっても引き上げることができなかった。それを見ていた地元の人たちは、自分たちが引き上げたら、シュエダゴンパゴダに返すことを約束するかと交渉すると、イギリス人は自分たちができないのだからできるはずがないと笑って承諾した。

地元の人たちは、何百本もの竹ざおを浮きに使って簡単に釣鐘を引き上げ、再びシュエダゴンパゴダに戻したという。この伝説は、竹という聖なる万能植物を使いこなす東南アジアの人の知恵が浮かび上がって小気味いい。

夕食後、夜のシュエダゴンパゴダに行く。昼とは違って観光客の姿はほとんどなく、地元の人だけがいるようだった。大理石の床に横座りし、花を掲げて祈る人。パゴダを前に座ってくつろぐ家族。数珠を手に瞑想している人々。大きな白い仏像が見下ろすその下で、身体を寄せ合い話し込む恋人たち。音もなく輝く黄金のパゴダ。そこには、くつろぐ人たちによってつくられる、穏やかな静寂の世界があった。

大理石の床に横座りし、光るパゴダと暗い空をぼんやり眺めた。パゴダの上の方にぶら下がった風鈴のような飾りが、チンと鳴ったように思う。目を下に落とすと、離れたところに座っている夫婦の間から、赤ちゃんがハイハイして出てきたのが見えた。

聖なるパゴダは癒しの聖地。昔も今も、
ポピュラーなデートスポット

column　生まれた曜日で占う運勢

ミャンマーでは、西暦とビルマ暦が使われている。占いは今もひろく行われていて、占いで使われるのはビルマ暦だ。ビルマ暦では、水曜日を午前と午後に分け、午前を水曜日、午後をヤーフと呼び、それぞれ一日と考えて1週間を8曜日としている。

ミャンマー人にとって生まれた曜日は人生のキーワード。占いのときもパゴダに参拝する時も生まれた曜日は欠かせない。人の運勢や性格も曜日と深く関わっていると考えられていて、曜日で性格を判断したり、男女の相性を見るのにも用いられてきた。

ビルマ語の基本文字は33文字あるが、それぞれ特定の曜日と結びついていて、名前も曜日を元につけるため、名前からその人が何曜日に生まれたのかわかるという。

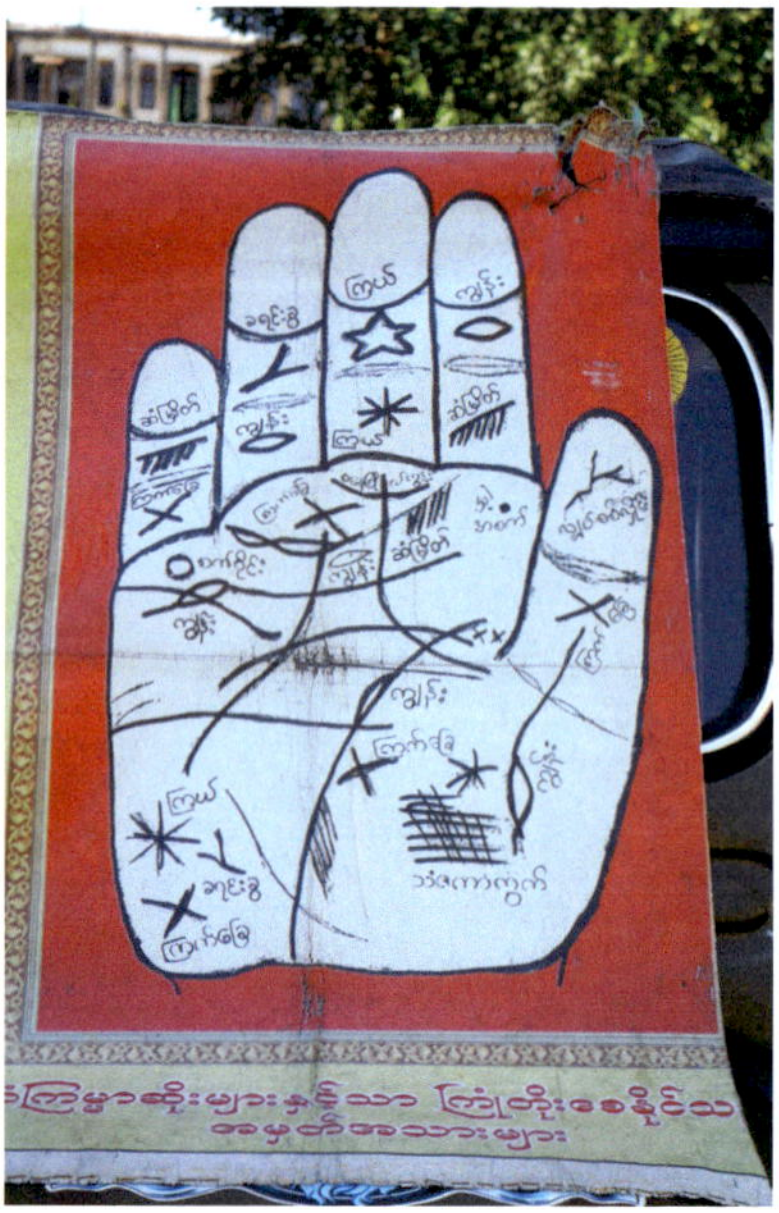

路上に大きく広げられた占いの広告

生まれの曜日と方角、守護動物、文字

曜日	方角	守護動物	文字
日曜日 (タニンガヌェネ)	北東	ガルーダ (ガロウ)	母音
月曜日 (タニンラーネ)	東	虎 (ヂャー)	k hk g hg ng
火曜日 (インガーネ)	南東	獅子 (チンペイ)	s hs z hz ny
水曜日午前 (ボウダフーネ)	南	牙あり象 (シン)	l w th
木曜日 (チャーダバデ ネ)	西	ねずみ (チュエ)	p hp b hb m
金曜日 (タウチャーネ)	北	天竺ねずみ (プー)	th h
土曜日 (サネーネ)	南西	竜 (ナガー)	t ht d hd n
水曜日午後 (ヤーフ)	北西	牙なし象 (シン)	y r

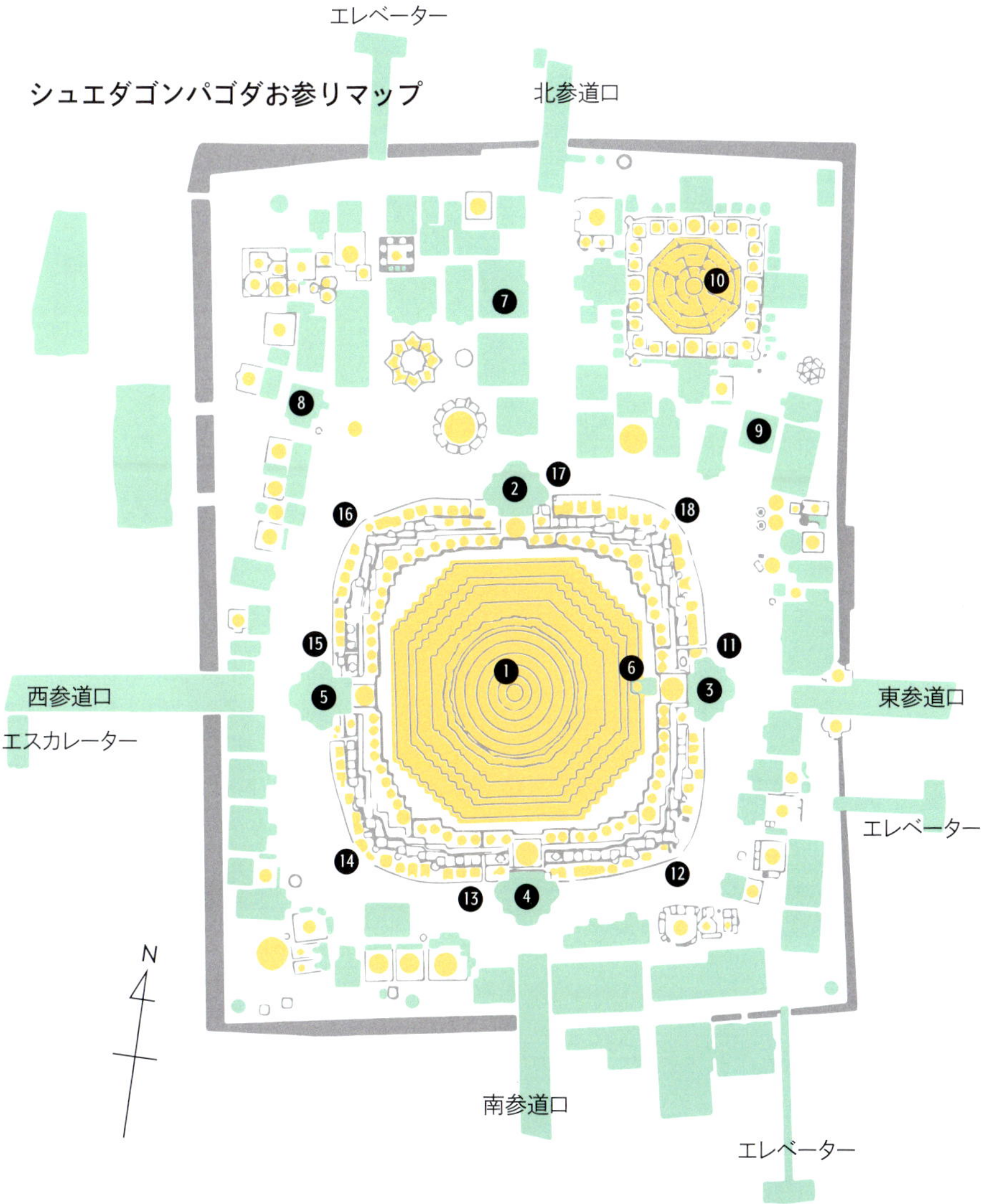

①シュエダゴンパゴダ ②ゴウダマブッダ（釈迦牟尼）像 ③カクサンダムブッダ（拘留孫）像 ④コナガムナブッダ（拘那含牟尼）像 ⑤カサッパブッダ（迦葉）像 ⑥パダミャーミャシン仏 ⑦仏足跡 ⑧マハガンダの釣鐘 ⑨マハティッサダの釣鐘 ⑩ナウンダワジーパゴダ ⑪月曜日生まれの人の祈願所 ⑫火曜日生まれの人の祈願所 ⑬水曜日午前生まれの人の祈願所 ⑭土曜日生まれの人の祈願所 ⑮木曜日生まれの人の祈願所 ⑯水曜日午後生まれの人の祈願所 ⑰金曜日生まれの人の祈願所 ⑱日曜日生まれの人の祈願所

（Map of The Shwedagon Pagoda, Board of Trustees Shewdagon Pagoda をもとに作成）

Chapter 3

ヤンゴンファッション

個性的なおしゃれを楽しむ女性たち
おしゃれ着はオーダーメイドで

細やかな装飾を施した伝統的な花嫁衣裳。
3カ月ほどかけて丁寧につくられる

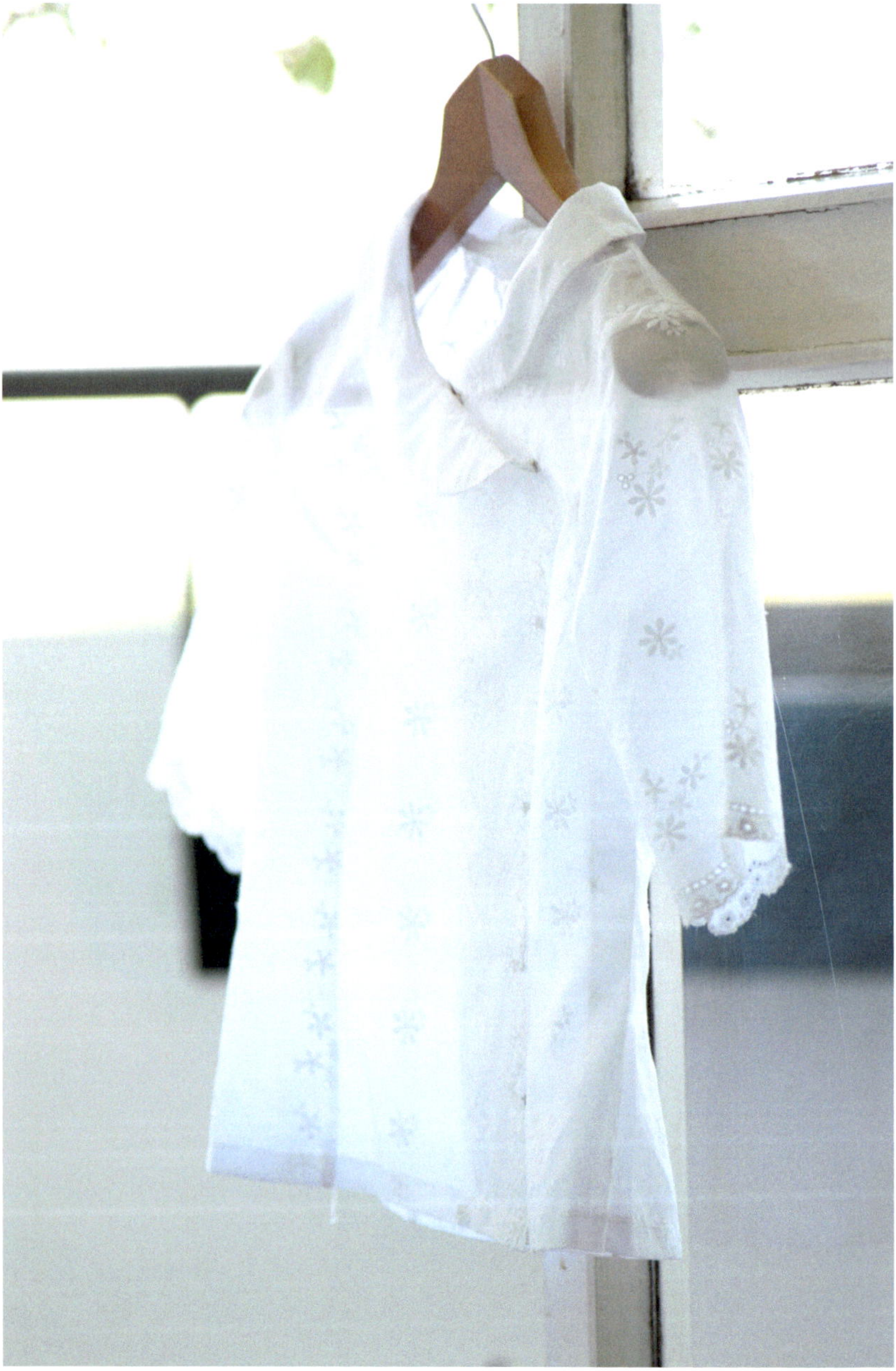

刺繍入りの木綿で仕立てたエンヂー

マイ・テイラーの服

シュエダゴンパゴダでお参りを済ませ、境内の日陰に座って、歩く人々をぼーっと眺めていた。若いカップルが目に付く。ここがパゴダだからか、みんなきちんとした装いだ。女性は上着のエンヂーに巻きスカートのロンヂーというスタイルは変わらないが、それぞれデザインが違うのに気づく。私の隣に座っている女性の服も、刺繍が施されていたりして凝っている。とても素敵なので、どこで買うのか聞いてみた。

するとと家の近くで仕立てたのだという。デザインは誰がしたの？と聞くと「マイ・テイラーです」と答えた。「マイ」ということは、行きつけの仕立て屋なのだ。その後、何人かの女性にも聞いてみたが、みんな近所のマイ・テイラーだと言う。マイ・テイラーがいるのも、服を仕立てるのも普通のことらしい。どのテイラーも、それぞれの個性に合わせてデザインしていて上手だ。それでみんなよく似合っているのだ。「マイ・テイラー」という響きには、自分を美しくしてくれるテイラーを誇る気持ちも感じられる。

若いカップルはデートでシュエダゴンパゴダに来ているのだそうだ。若者がきちんとした装いでデートというのも素敵だし、行く場所がパゴダというのも粋だ。しかも着ている服はマイ・テイラーが仕立てたもの。あー、ヤンゴンの人の生活はなんておしゃれなんだろう。

昼食後、ボージョーアウンサンマーケットへ行く。私も「マイ・テイラー」を見つけて、街で見た女性のような白いレースのブラウスをつくってもらいたいと思ったのだ。生地を買い、年配の女性の仕立て屋さんでデザインを決めて注文した。それともうひとつ。みんなの背中には目障りなブラジャーの横線がない。きっと下着もあつらえているのだと思い、下着屋さんで下着も注文した。

にこやかなお姉さんが、私の左の胸のふくらみを軽く触って大きさを確かめつつ、メジャーを斜め下に延ばして手際よく寸法を測った。

刺繍の入った布地を使い胸元には同色のオーガンジーをあしらっている

バテック地でつくったエンヂーとロンヂー。涼しく着心地もよさそう

みんなのマイ・テイラー

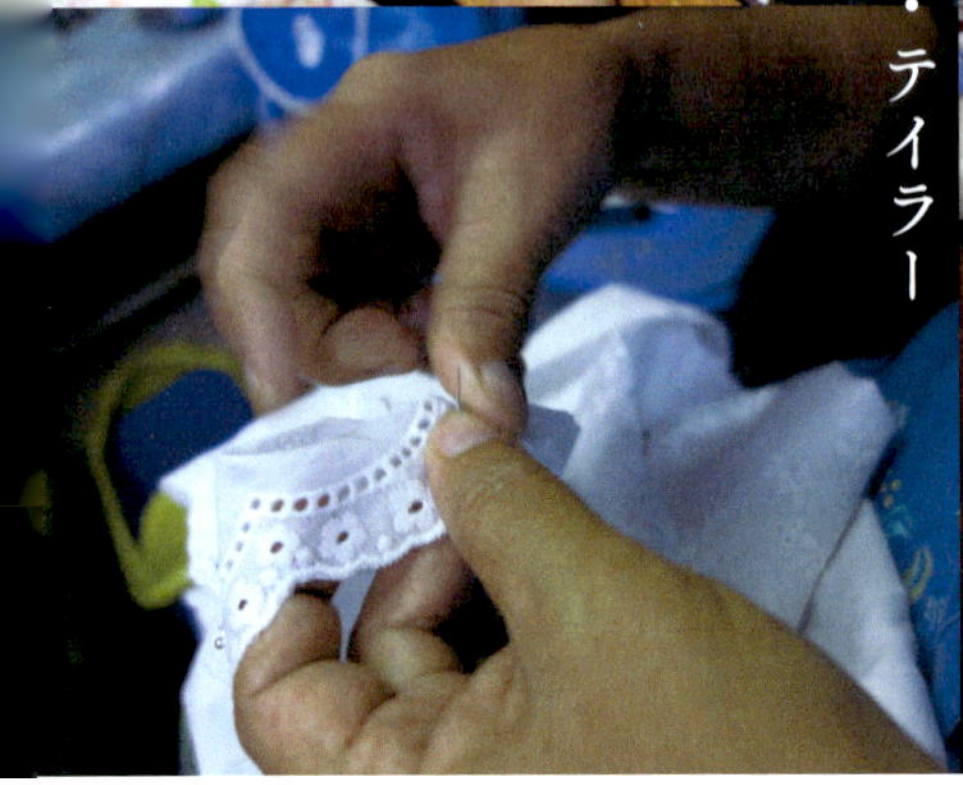

色違いの布地で、シャーリングを入れたり包みボタンにしたり個性的に仕立てている

シャンシルクで仕立てたロンヂーとエンヂー

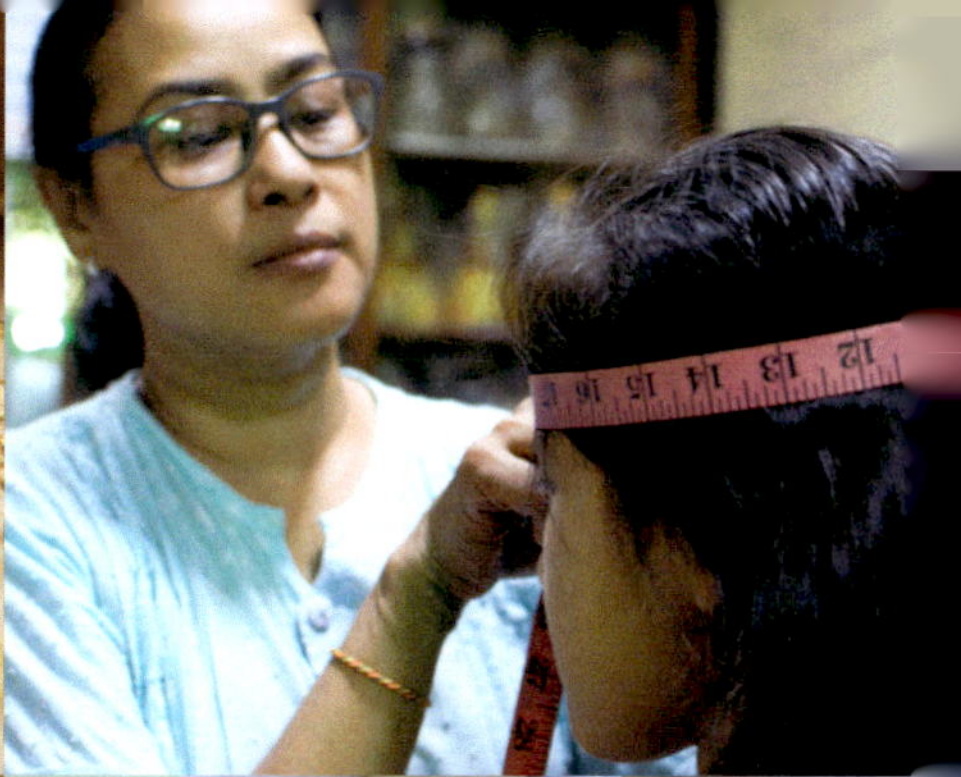

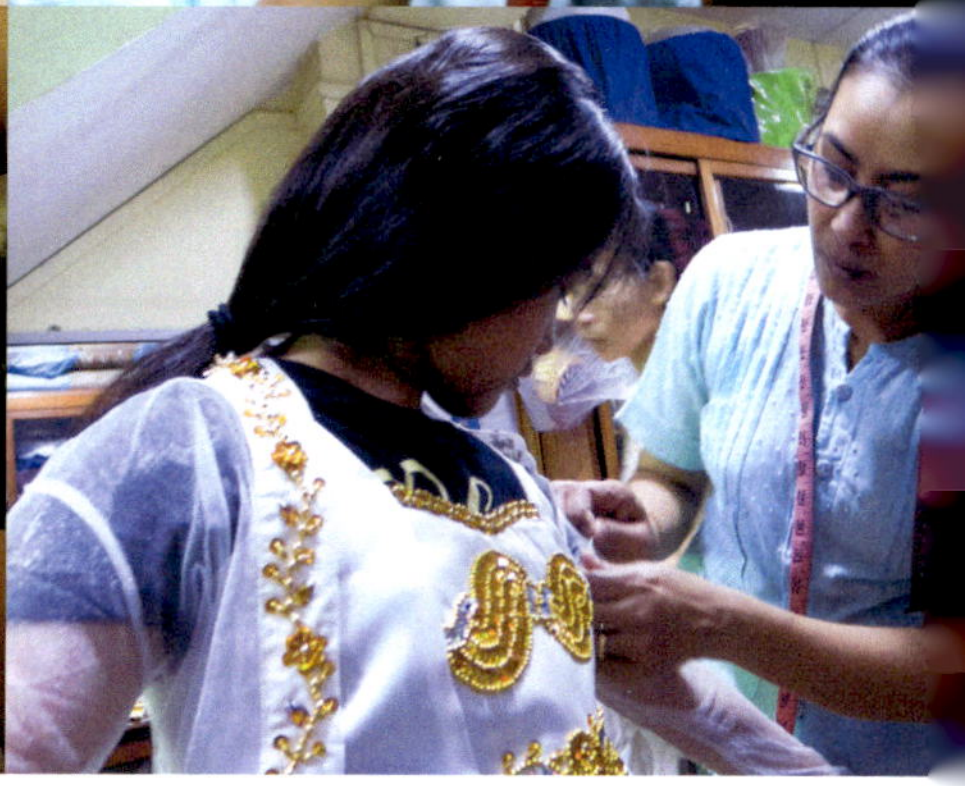

デートでシュエダゴンパゴダに訪れた2人。女性はガーゼ地で仕立てたロンヂーとエンヂー

黒であわせたカップル。女性用のロンヂーはタメイン、男性用のロンヂーをパソーという

エンヂーのレースがロンヂーのアクセントに

オーガンジーをあしらったデザインが美しい

織物の国

泊まったホテルで結婚式があった。ロビーには、ミャンマーの衣装で正装した招待客が集まっていた。男性は渋くて粋な織りのロンヂー、女性は色鮮やかで華やかだ。伝統的な波模様のシルクのロンヂーにオーガンジーのショールを羽織っている人、伝統模様をモダンにアレンジした柄のロンヂーの人、肌が透けて見えるオーガンジーをあしらったブラウスの艶やかな若い女性。みんな個性的で美しい。伝統的な布や模様といっても、ミャンマーは多民族の国だから多種多様だ。

ミャンマーは古い時代から、綿織物や絹織物の本場だった。遅くとも四世紀には綿織物の輸出で栄えた王国があったことが知られている。世界でもまだ綿織物の技術を持つところが限られていた時代から、絹織物はもちろん、綿花栽培と綿織物の技術をも合わせ持つ織物の先進国だった。何色もの糸を使って細かな模様

シンビューに訪れた女性たち。中央の女性のロンヂーの柄は伝統の波模様アジェイッ

女性の正装はオーガンジーのショールを羽織る

男性の正装は、上着のタイポンを羽織る

を織り込んだ薄く光沢のある綿織物は、他国の人々を魅了した。オーガンジーは綿でつくられたのが始まりといわれている。ミャンマーの伝統衣装にオーガンジーが使われているのは、向こうが透けて見えるほど薄くしなやかな布を作る技術を昔から持っていたことを語っているのだろう。ちなみに、日本人が綿織物を知ったのは十六世紀。綿花の栽培と綿織物、養蚕と絹織物の技術が確立したのは、江戸時代後期になってからのことだという。それまで着物の生地は、東南アジアやインドからの輸入に頼っていたのだ。男性のロンヂーの柄が日本の着物の柄と重なるのも、女性のロンヂーの刺繍が古典柄の振袖を連想させるのも、遠い昔、ミャンマーで織られた布が日本に輸入されていたからかもしれない。

アクセサリーの宝石は、ミャンマーの人にとって身近なもの。女性だけでなく男性も大きな指輪をはめている人が多い。宝石は占いとも関係がある。占い師は、「あなたはダイヤの指輪を身につけると金運が上がる」「あなたはルビーの指輪を右手の薬指につけるといい。

女の子の通過儀礼はお姫様の衣装。耳にピアスを通して大人の仲間入り

宝石のブレスレット

ただし、指輪をはめるのはあなたの誕生した曜日の朝十時十八分にすること。はずすときも同じようにしなさい」などかなり細かく指示してくれる。宝石は身につけるだけでなく、幸せを願って功徳を積むためパゴダに寄進することもある。パゴダの境内には、宝石運搬用の小さなゴンドラが用意されていて、そこに宝石を乗せて寄進する。寄進者は、宝石を乗せたゴンドラが塔の上へ昇って行くのを、手を合わせて見送る。

ミャンマーは、ルビー、サファイヤ、ヒスイ、エメラルドなど質の高い宝石を産出する。どんな宝石が採れるかは、その土地の地質に関わるから、質の良い石が何種類も採れる国は珍しいのだそうだ。ミャンマーは、北はヒマラヤ山系の五〇〇〇メートル級の山岳地帯から南はアンダマン海まで、氷河や砂漠、熱帯のジャングルなど多様な環境に恵まれている。豊富な天然資源と動植物の存在が、それを利用する技術を育んだ。美しい綿織物や絹織物が、早くに発達したのもうなずける。

結婚式のパーティーに訪れた女性の正装アクセサリー

ウエディングドレス

マーケットの中を歩いていたら、金糸の刺繍を施した伝統的な衣装がずらりと飾ってある店に突き当たった。店の片側にはミシンが五台並び、手前ではオーガンジーの生地に小さな宝石を付ける細かい作業をしている人がいた。もしかして花嫁衣装ではないかと思い、店主らしき人に聞いてみるとそうだと言う。店主でデザイナーのコミュソさんだ。ここに店を開いて三十年になる。

コミュソさんは仕事の手を休め、親切にも奥から衣装を出して見せてくれた。これを胸に着け、これは下に穿いて、その上にこのオーガンジーの上着を羽織りショールを掛けて、と自身の体にあてがい説明してくれた。どれも上品で美しいデザインだ。オーガンジーの上着の袖口やショールの縁には、細やかな刺繍が施されている。シュエダゴンパゴダで見た金の仏像がま

ドレスと合わせてアクセサリーもデザイン

ウエディングドレスのデザイナー、コミュソさん

とう、縁に細やかな刺繍を施した薄くしなやかそうな衣と重なった。このオーガンジーの縁取りのデザインは、きっと何世紀も昔から続くものなのだろう。

正装には、宝石をあしらった指輪やイヤリングなどを身につけ、小さなバックを持つ。これらのアクセサリーも、服に合わせてデザインし、つくってもらえるという。全て自分にぴったりなこの世にひとつだけのものを身につけられるなんて素晴らしい。

帰り際、ふと思い出した。二十代の頃、友達六人で花嫁衣装は和装と洋装どちらが似合うか想像し合った時のことを。みんな口をそろえて私に言ったのだ。「おかしい！どっちも着てる姿が想像できない」。ま、そんなもんだろうとは思ったが、今はっきりわかった。みんなが想像できるはずがない。私が着るのはミャンマーのこの衣装だったのだ。そうだ、これだと納得した。三年以内にまた来て、ここで衣装をつくることに決めた。

シュエダゴンパゴダの仏像がまとう黄金の衣

Freedom 85
NOBLE JEANS
FROM 1155
BATTERY STREET

揃いのロンジーで颯爽とパゴダを参拝

column

ミャンマートラッド

ヤンゴンでは、いろんなところで生花を見る。商店の神棚、車のフロントガラス、それに特に魅かれるのが女性の髪飾りの花。屋台でお菓子を売る女性も、市場で野菜を売ってる女性も、通勤フェリーで会社に向かう女性も、花を髪にちょこんと飾っているのだ。後ろで丸くまとめた髪に黄色いパウダの花を飾ったり、バラの花を耳にかけたり、ジャスミンの花輪を垂らしたり……。身近に咲いている花を摘んで髪につけるそのしぐさが、優雅だなと思う。

ミャンマーの伝統化粧品にタナカがある。タナカと呼ばれる樹の幹を、書道の墨を磨《す》るように、水を加えて石製の硯で磨り、できたペースト液を頬などに塗る。タナカを塗った肌はひんやりして日焼けや虫さされの予防にもなる。脂肪を吸収する効果もあるそうでニキビの治療薬としても使われている。タナカは保湿効果も高いため、すぐに使えるローションになって売られていて、携帯用に人気があるそうだ。

7人の孫のおばあちゃんドウケンケンターさんの台所には、低いテーブルに鏡とタナカ、石の硯をのせ、籐のチェスとを置いたタナカの専用の鏡台があった。台所にあるというのが興味深い。彼女は毎日、ここでタナカを塗って身支度を整え、家事を担ってきたのだ。日本では台所は「女の城」といわれるが、ミャンマーでも台所は女性が占有する場所なのかもしれない。

ショップ案内

ショッピングモールなら、生地の店、仕立て屋がたくさん入っているので選びやすい。仕立てる時間がなければ、既製のエンジーを選んで身体に合うよう調整してもらうことも可能。

Bogyoke Aung San Market
ボージョーアウンサンマーケット(スコーゼー)
Bogyoke Aung San Road, Pabedan, Yangon
宝石、衣類、布地、雑貨など様々な商品が並ぶヤンゴン最大の市場。(Map：P7-B)

Taw Win Center　トゥウィンセンター
No.45, Pyay Road, Dagon Township, Yangon
ショップ、映画館、飲食店などが入ったショッピングモール。様々なタイプの既製のエンジーとロンジーが多数そろっている。
(Map：P7-B)

服に合わせて黄色い花を飾った女性

タナカの塗り方

タナカは女の子の身だしなみ。お母さんにこんな風に塗ってもらう。

1. 質のよいタナカを用意

2. 石製の硯チャウッ・ピンに水を少量垂らし、タナカを磨って液をつくる

3. 磨った液を頬やおでこなどに塗る

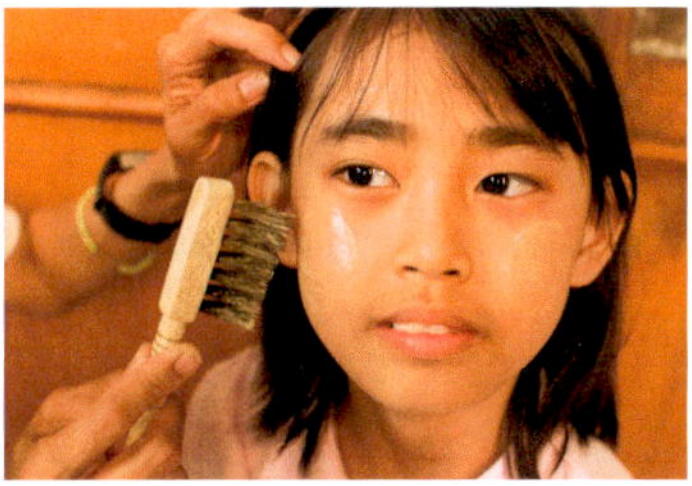

4. 専用のブラシで、模様を描く

Chapter 4

午後の紅茶

ラペイエサインで楽しむ伝統ティーカルチャー

休日は、家族そろってラペイエサイン
を訪れ、ゆっくり朝食を楽しむ

ティーショップのある暮らし

道路側の扉を全て開け放った、開放感のあるティーショップ。高い天井で、扇風機の大きな羽がゆっくり回っている。店内は陽が差し込まず、涼しくて居心地がいい。座った席から、外の物売りや通りを行きかう人が見える。

白いワイシャツにロンヂーの男性が店に入ってきて、肩から斜めに掛けた鞄を下ろし席に着いた。すぐにきりっとした表情のウエイターが彼のところにやってきた。「紅茶はいつものにしますか?」と聞いたのだろう。男性はウエイターの顔を見てうなずき、ウエイターも丁重にうなずいてカウンターに行った。

ミャンマーでは、食べ物はなんでも、好みの味に注文してつくってもらうのが基本。紅茶やコーヒーも細かく注文する。甘く、甘くなく、苦めに、ミルクを多く、などなど。自分の好みやその時の気分に合ったものを口にできる。この国ではそれがスタンダードだ。ティーショップのウエイターやウエイトレスは、一度来た客の好みを覚えていてくれるので、客もそれが嬉しくて、その店に通うようになるという。そんな気持ちのよい接客のできる店員を育てるのはオーナーの務めなのだそうだ。

ウエイターが淹れたてのホットミルクティーを運んできて、男性のテーブルに静かに置いた。男性は、ウエイターが置いていったミルクティーにしばらく手を付けずにいる。ミルクティーの表面の温度がやや下がりミルクの膜が張ったのを見ると、おもむろにティーカップを取って、クリーミーなミルクの膜と共に最初の一口を味わった。

ミャンマーでは、ティーショップのことをラペイエサインという。ラペイエサインには、ゆっくりお茶を飲みながら新聞を読んでいる老人がいる。他の客と楽しそうに話をしている老人もいる。ラペイエサインに来れば、だれとでも会話が楽しめるし、静かに本も読める。ぼーっと通りを眺めるのもいい。ラペイエサイ

外の木陰にもテーブルを並べたラペイエサイン。時間を気にせず会話を楽しむ

ンは、一杯のお茶で気の向くままに一日中いることのできる憩いの場だ。

ラペイエサインは、繁華街だけでなく、小さな路地や住宅地など街のいたるところにあって、朝早くから夜遅くまでやっている。休日の朝は家族そろって普段より洒落たラペイエサインに出かけるし、平日は出勤前に会社近くのラペイエサインでお茶を飲み、新聞を読んだりケーキを食べてから出社する。休み時間も会社近くのラペイエサインで休憩。ミャンマーでは休み時間は、基本的に自分の好きな時に取る。自分が休憩するときは同僚を誘ってラペイエサインに行くし、他の同僚が行くときにも誘われるから、自然と何度か行くことになる。お茶を飲み、テーブルのケーキやスナックを摘みながら、仕事の話はもちろんのこと、政治、ゴシップなど様々な話題を話す。他の客とも話すから情報も得られる。悩み事やトラブルも、ここで解決してしまうこともある。

大学の近くのラペイエサインなら、学生たちが集まり、授業や試験の情報交換の場になる。みんな自分の好きな曲を持って行って店でかけてもらうので、自然と新しい音楽に出会うこともできる。アーティストたちが集まるラペイエサインもある。店内の壁には、画家たちの作品が展示されている。一日中ラペイエサインで作品づくりをしている作家やシンガーソングライターもいるそうだ。そんな店では、夜にはバンドが入ってライブも聴ける。

どこのラペイエサインでも、みんないつも同じ時間に行くからか、客の顔ぶれはいつも同じだ。たまに来ていない人がいると、どうしたのかなと気にかける。

ラペイエサインには、実は、もうひとつの顔がある。店それぞれに、専門分野があるのだ。例えば、穀物倉庫近くのラペイエサインなら穀物専門のラペイエサインになる。仲介人が集まり商談が行われる。仲介人は、倉庫近くにある何軒ものラペイエサインをはしごして商談するから一日中ラペイエサインにいる。

電気製品会社が集まる地区には電気製品のラペイエサイン。税関の近くのラペイエサインなら、関税関係のラペイエサインになる。輸入業者は、何カ月待って

ミルクティーは、癒しの甘露

も進まない関税手続きを、ラペイエサインで役人と会ってスムースに処理してもらう。役所の近くのラペイエサインには、水道や建築関係などいろんな業種の仲介人が集まる。

かつては、銀行で口座を開設するのも、預金や振込をするのですら、書類をいくつも作らなければならずとても時間がかかった。そこで、銀行近くのラペイエサインで行員と会って手続きがスムーズにいくようにしてもらうとすぐに預金や振込ができるのだった。

警察署の近くにもラペイエサイン。直接行ったら不可能な、留置所に収容されている人との面会も、ラペイエサインで警察署の人と会って、面会できるように書類をつくってもらう。そして裁判所の周りにも……。

港湾局の近くのラペイエサインも興味深い。外国船が入港するヤンゴンには、外国船から船員の募集が毎日あり、港湾局が求人を管理している。港湾局近くのラペイエサインには、人材派遣会社の仲介人たちがあつまり、港湾局よりスムーズに仕事を進めていく。

昔ミャンマーでは、一般の人が海外に行くことはと

ヤンゴン市庁舎などが建ち並ぶ官庁街。
早朝のパンドーラ公園には、ヨガや太
極拳など運動に訪れる人が多い

ても難しかった。その中で、外国に行くことのできる船乗りは、憧れの職業だった。船で世界を回り、寄航した国々の珍しい物や電気製品などを持って帰り、土産にあげて喜ばれた。買ってきた物を売って商売にもなったという。旅行やビジネスで海外に出る人が増えた今も、船乗りは人気の職業のひとつだ。船乗りは技術職で、通信技術の資格を持った人やエンジニア。通信関係の学校で学ぶと通信士の免許が取得できる。外国船は、ミャンマーの通信士の技術を認めているため求人が多いという。港町ヤンゴンならではの専門職だ。

映画の制作プロダクションのある通りには、映画関係者たちが集うラペイエサインがある。通りの木陰のテーブルで、アクション映画のスタントマンやプロダクションの人たちがお茶を飲んでいた。ここには、有名な俳優は来ないそうだが、映画関係の仕事を目指す人は、こういうラペイエサインに来て、人脈を作っていくのだそうだ。

ラペイエサインはそれに加え、郷土料理を囲む同郷人のコミュニティーにもなっている。華人の多い地区には中国の料理を出すラペイエサイン、インド系の多い地区にはインドの料理、シャン系の人が多い地区にはシャンの料理をというように。

ラペイエサインのお茶は、みんなの暮らしを楽しくスムーズにする潤滑油。ラペイエサインから、ミャンマーの社会、文化、豊かな暮らしや芸術など、見る人しだいで様々なものが見えてくる。ラペイエサインは奥が深い。

お茶の故郷

ミャンマーの農家では、よく庭先に自家用のお茶の樹が植えられている。

昼下がりや夕食の後など、気の合う仲間と談笑するときに、この茶葉を摘んでは炒って煎じて飲む。

こうしてお茶を飲みながら集うことをラペッ・ワイ

ウェイターたちが忙しく行き交うラペイエサインの番台。早朝から客で賑う

ン（茶のサークル）という。夜ならローソクの灯りを囲んで、いろいろな話で盛り上がる。農作業のことから、政治や宗教、医療、娯楽など話題は様々。村以外の町や海外の情報も交換できる。

街で人々がお茶を飲んで集まるアジョサインは、きっとこの延長線上にあるのだろう。アジョサインとは、緑茶と天ぷらを出す店だ。アジョサインは、ラペイエサイン同様、昔からあるお茶屋で、ラペイエサインと同じような機能を持つ存在なのだそうだ。

東南アジアでは、ビルの建築現場など地方から出稼ぎにきた人たちが集まるところには、必ず同郷の者による屋台が出現する。それは単に故郷の食べ物を出すばかりではなく、仲間同士の情報交換の場にもなっている。ヤンゴンで最初のアジョサインも、多分こんな感じではないかと想像する。故郷を離れてヤンゴンに出てきた人たちがアジョサインに集い、夕顔の実などを小さく切った天ぷらを楊枝で刺して摘みながら、故郷で飲みなれた緑茶を飲み、「茶のサークル」をつくる。そうするうちに、このような「茶のサークル」が幾重にも重なり、異郷に出てきた人たちの暮らしに役立つ秩序が編み出されたのだろう。そして人々が定住するようになると、アジョサインは天ぷらの店として街に定着する。

その後、紅茶がインドから入り、紅茶を飲ませるティーショップ、ラペイエサインが現れ、そこにも「茶のサークル」が同じように築かれたのだろう。自分たちの工夫で自分たちの社会を作り上げることのできたミャンマーは、しなやかな社会といえるかもしれない。

かつて流行したこんな小話は、茶飲み話の典型だろう。

ある日、党議長ネィウィン一行が地方視察のため飛行機で空を飛んでいたときのこと。ネィウィンは地上の村々の貧しさを見て胸を痛め、「彼らにここから一〇〇チャット紙幣を落としてやったら喜ぶだろうな」と冗談を言った。「いや閣下、一ドル紙幣のほうが喜ばれるかもしれません」と子分のサンユ大統領が応じた。みんなが笑いあっているとき、飛行機のパイロットがまじめな顔をして「皆様方は本気で貧しい国民を喜ばせたいお気持ちがあるのでしょう

インド系の料理を出すラペイエサインには、南インドの軽食ドーサイや定食ミールスがある

ナンは自家製、炭火の窯で焼く

か」と聞いた。ネィウィン議長らは「あたりまえだ。なにをバカなことを聞く」と答えた。するとパイロットは平然と言った。

「国民を喜ばせる最良の方法があります。いまこの飛行機が墜落することです」（根本敬『物語ビルマの歴史』より）

ヤンゴンの人にとって、アジョサインは、夕方から行くことの多い店だ。雨の降らない乾季には、インヤ湖のほとりにアジョサインが出るし、祭りがあると、そこにはアジョサインの屋台が必ず出る。

ミルクティーの味

ラペイエサインのカウンターには、白い陶器のティーカップとソーサーがたくさん並んでいる。客の注文が入ると、熱湯をそそいで温める。カップにコンデン

ミルクティーの味のオーダーは細かい。どんな注文にも美味しく応えるのはティーマスターの職人技

スミルクと温めた生乳を入れ、そこに煮出した熱い紅茶を注ぐ。それをホーローのカップに移し、高い位置から別のホーローのカップに移すことを繰り返すと、濃厚なミルクティーが出来上がる。

このミルクティー、東南アジアやインドでは紅茶の定番だ。「チャー」であれ「テー」であれ「ラペイエ」であれ、店に入って「お茶を一杯」と注文すると、当たり前のようにミルクティーが運ばれてくる。私たちが頭に描く紅茶を望むなら、「ミルクなしのお茶」とか「黒いお茶」と注文する。この地の人々にとって、紅茶はミルク入りが基本なのだ。それにはこんな面白い逸話がある。

昔、カリブ海で船を襲い、略奪した金銀財宝で富を築いた大物海賊たちが、元締めのエリザベス女王から貿易を独占できる特許をもらい、「イギリス東インド会社」をつくった。そのうち、中国とのお茶貿易を独占し、ヨーロッパの貴族など富裕層に売って儲けるようになったが、物足りなさを感じてきた。贅沢品のそのお茶を、お茶の存在すら知らない大衆にも買わせて、がっぽり儲けようと巧みなキャンペーンを思いつく。
休みなしで働くのが当たり前だったイギリスの工場に、休憩時間を設けさせ、労働者に毎日お茶を飲ませたのだった。煎じたお茶に砂糖を入れた甘い飲み物は、労働者の空腹を鎮め心を和ませた。一息つける工場のティーブレイクは、まさに「アフタヌーンティー」だった。お茶を飲む習慣は家庭にも浸透する。中国から輸入したお茶に植民地カリブの砂糖を入れた甘いお茶が、国民に定着してキャンペーンは大成功。紅茶はイギリスの飲み物と思われるようになっていった。

みんながお茶を飲むようにはなったのはいいが、お茶を自分たちで生産することはできなかった。そんなある日、イギリス人がアッサム地方でお茶の樹を「発見」する。アッサム地方はビルマ人やタイ人の王国があったところで、その土地の人たちが、昔からお茶をつくり飲んでいたのだった。茶樹の「発見」を機に、東インド会社は、植民地インドでお茶のプランテーションを始め、インド人にも売ってさらに儲けようと思いつく。まずはインドの炭鉱や紡績工場で働く人たちをターゲットに、喉の渇きを潤す飲み物として売り、鉄道が建設されると、お茶を鉄道に乗せてインド全土で普及キャンペーンを行った。駅にはティースタンドを設けて、インド人販売員にイギリス同様のお茶の淹れ方を指示してつくらせた。しかし、インド人の販売員は、いわれたとおりにはつくらなかった。ミルクを加えてつくったのだ。そのミルクティーは好評で、他の屋台でもまねてつくられ、すぐにスパイス入りのミルクティーも現れた。チャパティーやタルカリ、サモサなどインドの料理に合う、自分たちの紅茶をつくりあげたのだった。

後に、ミャンマーやマレーシアが英領インドに組込まれると、多くのインド人が、ミャンマーとマレーシアに出稼ぎに訪れた。最初はインド人の仲間内の屋台だけで飲まれていたミルクティーが、だんだん土地の人にも広まっていった。その土地の嗜好と料理に合うミルクティーに姿を変えながら。ミャンマーにはミャンマーのミルクティーが生まれ、町に新しいスタイルのティーショップ、ラペイエサインが現れたのだった。

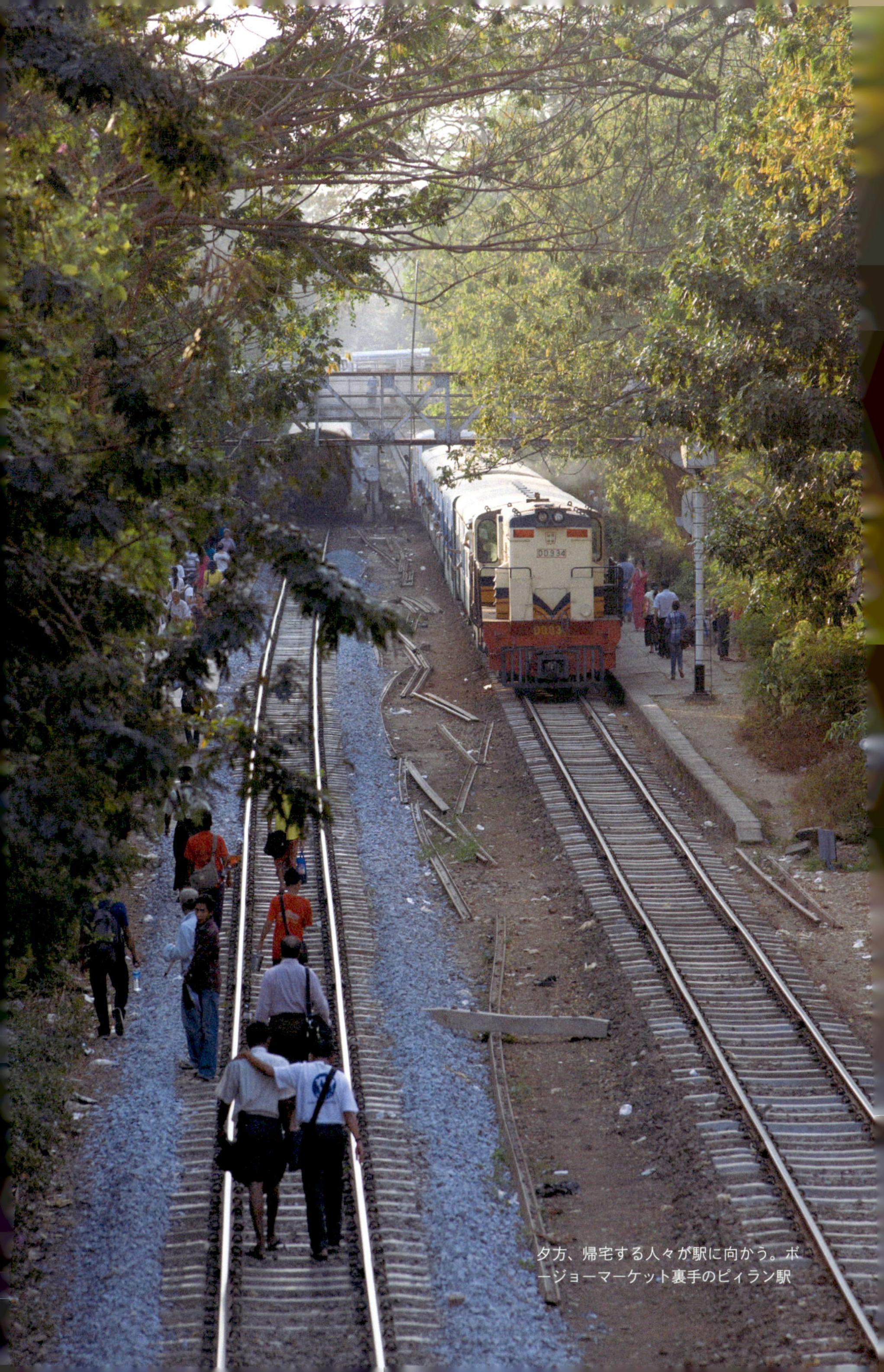

夕方、帰宅する人々が駅に向かう。ボージョーマーケット裏手のピィラン駅

揚げ物はお茶のおつまみ。ナスや夕顔の実の天ぷら、揚げ餅などいろいろ

ラブソング

小ぶりのテーブルと椅子を並べた露天のティーショップは、自然の風を感じて気持がいい。空の下で開放感があるからか、知らない客同士でもすぐに打ち解けて会話も弾む。

トンリンさんは、茶葉の和え物ラペトゥを食べながら、なにかを思い出したように、にんまり笑った。

「昔、学生のころ、授業の後に友達とよくラペイエサインに行って、マン・ウォッチングしたよ」という。

人通りの多い交差点の店で、通りがよく見える席に座って、通行人を眺めるのだそうだ。視線の先はもちろん女性だ。それで、気になる女子学生が通ると、友達と一緒に自転車で彼女の後をつけるという。

「今だったらストーカーって言われちゃうよね」とトンリンさんの隣で奥さんのピョンさんが笑う。トンリンさんは、その子の家を確かめたらすぐ帰るんだよと言い、また何か思い出したのか、ぷふっと笑って吹き出した。

「ある友達はね、その好きになった女子学生の家の前を自転車で通り過ぎるときに、わざと草履を落として行ったんだよ。そうすると、脱げた草履を拾いに行かないといけないから。その辺をひと回りしてから、あ、ここにあった、なんて言って、草履を探すふりをしてもう一回家の前に行けるからね。その子が、ひょっとして外に出てくるかも知れないのを期待して」

ミャンマーでは、親も世間の目も厳しいので、簡単に女性を誘ったりデートするのは難しいのだそうだ。

「夜になったら、ギターを持って行くんだよ。その子の家の前でラブソングを歌うんだ」とトンリンさん。ピョンさんは昔を思い出したのだろうか、照れたように大笑いしている。

もてる女の子の場合、複数の男性がラブソングを歌いに来ることになるから、彼女の家の前で鉢合わせしてしまい、「おまえも……」と身近にライバルがいるのを知ることになる場合もあるという。

ヤンゴン川の渡しのフェリーのラペイエサイン。通勤時間は乗客で賑う。川風に吹かれながらお茶を楽しむ、ヤンゴン川のショートトリップ

このラブソング合戦、実は家の前だけではないのだった。夜になると大学の女子寮の前でも行われたという。大学には男女別々に寮があり、男性は女子寮に立ち入り禁止。だから、男子学生は応援の友達と数人でやってきて、女子寮を囲む柵の前でギターを奏で歌うのだ。女子学生のほうは、だいたい誰が来ているのかわかっているので、歌のお礼にお菓子や料理をあげるのだそうだ。寮の食事は美味しくないので、女子学生は特別美味しいものを贈ってくれる。

でも、寮には門限があるから、外に出て直接手渡しすることはできないのだった。全て寮の管理人を通してやり取りする。女子学生も男子学生も、仲を取り持ってくれる管理人にちゃんとお礼を渡すという。つまり管理人は両方からお礼をもらうことになる。受け渡しは食べ物だけでなく、もちろん手紙も。時には、歌のリクエストもあるのだった。

平日訪れるのは数グループだが、週末の女子寮の柵の前は、ラブソングの男たちでいっぱいになるのだそうだ。そして、思いが伝わりついに恋が実ると、女性と直接話ができるようになる。

「デートは、みんなどんなところに行くの?」と聞くと、「もちろん、シュエダゴンパゴダ!」と二人は声をそろえて言った。

学生時代の友人と会えば、気分も会話も昔に戻る

ランチボックスを手に、職場へ向かう。
職場近くでお茶を飲んでから出勤

column

マイ・ラペイエサイン

一緒にお茶を飲んでいた知人の男性が、店の奥を見ながら、口をつぼませてチュウチュウ鳴らしている。どうしちゃったのかなと不思議に思っていると、店の奥にいたウエイターが彼のそばにやって来た。ラペイエサインで時々聞こえていた鳥のさえずりのようなチュウチュウは、ウエイターを呼ぶ合図だったのだとわかる。人を呼ぶのにチュウチュウは失礼ではとも思ったが、店員を呼ぶ合図は国や土地によって違う。手を上げたり、声にして呼んだり、指を立てたりいろいろあるが、口を鳴らすというのもあったのだと知り面白いなと思う。

ミャンマーでは、一杯のお茶で何時間いても嫌な顔をされることはないという。行きつけの店で、好みの味のお茶を飲み、ゆっくりくつろげるのがミャンマーのトラディショナルティーショップ。豊かな時間を持てるところだ。

ラペイエサインのテーブルには、緑茶の入ったポットがあり自由に飲める

お茶の味、オーダー専門用語

ミャンマー人はお茶を注文するとき、「甘く苦く」「クリーム多めで苦めに」など細かく注文する。ラペイエサインでは、みんな好みの味を表現するスラングを使ってオーダーしている。

ချိုကျ（チョチャ）	甘く苦く	ကျဆိမ့်（チャセイ）	苦めでクリーム多く
ပုံမှန်（ポゥンマン）	甘さ苦さ普通に	ချိုဆိမ့်（チョセイ）	砂糖を少なめでクリーム多く
ပေါ့ကျ（ポチャ）	苦み少なめ	ပေါ့ဆိမ့်（ポセイ）	砂糖を少なく苦み少なめでクリーム多め
ချိုပေါ့（チョポ）	甘さ少なめ		

ティーショップ案内

地元の人に聞きました。みんなの行きつけのラペイエサイン。

画家のタンティさんの行きつけのラペイエサインは、作家や詩人、ミュージシャンなどのアーティストたちが集まるギャラリーカフェ。ライブも行われ、店の壁には画家たちの作品が展示してある。

Ah Lin Saing Gallery Café
アーリンサイン
No. 79, Yarzaa Dirit Road, 38 Quarter, North Dagon Township, Yangon
Tel : 09-444513720（Map : P6）

ビジネスコンサルタントのスーイェーピョさんは、読書や旅行が好き。朝食はラペイエサインでとることが多い。好きな店はLukey Seven 。軽食が美味しくて種類も豊富。接客もいいので気に入っている。

Lucky Seven（Uchit Mg支店）
ラッキーセブン
U Chit Mg Road, Bahan, Yangon
Tel : 01-223379
（Map : P7-A）

輸送会社を経営するゾウウィンカインさんの趣味は、車のコレクション。休日は車を磨いたりドライブで楽しむ。行きつけのラペイエサインは、A Phewr Gyi & Sons 。朝は必ず行き、少なくとも1日2回は行くという。

A Phwer Gyi & Sons
アポウワジネタニャ
Near Maha Wizaya Pgoda, Shuedagon Pagoda Road, Dagon Township, Yangon
（Map : P7-A）

設計の仕事をしているサンレイレイピュウさん。趣味のハンディークラフトはプロ級の腕前。手作りの小物に囲まれ暮らしている。休日は友達とラペイエサインに集う。料理の美味しいShwe Palinが好き。

Shwe Palin
シュエパリン
Junction Square, Pyay Road San Chaun Township, Yangon
Tel : 01-2304493
（Map : P7-A）

Zephyr　ゼピュ
Sein Lann So Pyay Garden 28 Inya Road, Kamayut, Yangon　Tel : 01-502720
インヤー湖のほとりにあるカフェレストラン。アジョサインにある夕顔の実の天ぷらやミャンマー料理がそろっている。（Map : P6）

Feel Myanmar Foods　フィールミャンマーフーズ
No.124, Pyihtaungsu Street, Dagon Township, Yangon　Tel : 01-372822
外にはミャンマー料理の屋台が並ぶ。ミャンマー伝統の軽食やスナック、デザートの種類が豊富。（Map : P7-B）

Chapter 5

美味しいものは飽きない

いつでもどこでも気ままに楽しむ出来たての料理

市場に並ぶ採りたての野菜。種類豊富な食材から豊かな食文化が見えてくる

インヤー湖の畔のラペイエサイン。風にふかれて気持ちのよいティータイム

おやつ天国ヤンゴン

　ラペイエサインでお茶を飲んでいると、店先におかれた細長い木製箪笥が気になった。幅四十センチぐらいで引き出しが六段ある。ウエイトレスが時々その箪笥へ行っては、引き出しをすばやく開け閉めして何かを取り出し皿にのせる。そのたびに開けた引き出しから湯気が上がるのだ。わたしは、席を立って箪笥を見に行った。これなに？と聞くと、ウエイトレスが引き出しを開けて中を見せてくれた。大きな饅頭が入っていた。肉饅と餡饅だ。ふわふわで美味そうな肉饅を注文する。箪笥をよく見ると、箪笥の下には大鍋があってその下に七輪がある。箪笥の六つの引き出しは蒸籠で、これは蒸し保温器だったのだ。なんと素晴らしい道具だろう。

　わたしは、席に戻り肉饅を頬張った。具がたっぷりでジューシー。とっても美味しい。「この店のは美味

ラペイエサインのおやつ。カスタードプディング、タピオカのプディング、お米のプディング

米粉、もち米粉、豆粉を合わせた生地にレンズ豆を入れて揚げたクッキャウ。よく伸びる揚げ餅

いでしょう」と、はす向かいの席のおじさんがわたしに英語で言う。わたしは口をもぐもぐさせながら、「サーロー、ガウンデー」と覚えたてのミャンマー語で応えた。

ラペイエイサインでは、店の自家製おやつを楽しむことができる。お茶のお供の定番に、イチャクエ（油状）やサムサ（サモサ）がある。厨房には、炭火の釜があって、そこではナンが焼かれている。私たちから見ると、油状は中国、サモサやナンはインドのものに思えるが、どれもミャンマー人のミャンマーフードだ。ミャンマーは、多民族の国だから料理も多種多様。ヤンゴンは特に、地方から人が集まる都市だから、各地方出身者が営む店もあって、各地の郷土料理も楽しめる。街の通りには、甘いものもしょっぱいものも、伝統おやつを売る屋台がいろいろ出ている。おやつの種類は、ありすぎて数え切れない。揚げ物も焼き物も屋台で作りながら売っている。いつでもどこでも気ままにできたてが味わえる、ヤンゴンはおやつ天国だ。

ミャンマーのお茶請けで有名なものに、お茶の葉ラ

米粉生地のクレープ、ペチャンジョ。卵、豆、トマト、香菜がのっている

ペッの和え物ラペットゥがある。発酵させたお茶の葉に、干し海老や揚げにんにく、ソラマメやピーナッツなどの豆類、胡麻、トマトや生姜など好みの具を加え、ライムや唐辛子、油、魚醤などで味を付け、和えた料理だ。市場に行くとラペッのお店があって、茶葉とともに様々な具材が売られている。具材の中にはいろんな豆があって、ミャンマーでは豆をたくさん食べるのだなと知る。

ミャンマーには、茶葉でつくるラペットゥのほかに、いろんな和え物料理がある。未熟のマンゴーでつくったり、サモサでつくったり、めんやご飯でもつくる。メインの食材に様々な野菜やハーブ、豆の粉や干し海老の粉など幾種類もの食材を加えてつくる。小腹がすいた時や、友達とおしゃべりしながら摘んで食べるスナックだ。

日本では、一日に最低十品目摂るべきなどと摂取食品の目標を提示したりするが、目標を掲げなければならないほど、普段の料理に使われる食材が乏しいのかもしれない。ミャンマー料理は、おやつひとつで軽く十品目を超える。日本のように品目をそろえるために頭を使う必要はない。昔ながらの料理を、友達と笑っておしゃべりしながら食べるだけで、健やかに暮らせるのだ。

お米のお菓子

　ヤンゴンの街を歩いていると、路上のあちこちでお菓子売りに出会う。揚げ菓子は揚げながら売っているし、焼き菓子は焼きながら売っている。市場でも、朝早くからいろんなお菓子が売られている。かぼちゃや紫芋のプディング、タピオカ入りのライスプディング、ポピーシードをちりばめたセモリナケーキやバナナケーキ、豆入りのパンケーキなどなど。ミャンマーの伝統菓子は多彩で数え切れない。

　ダウンタウンのオフィス街の露店でお菓子を売るモウヘイさんは、テーブルに何種類ものお菓子を並べている。家族や近所のひとたちみんなでつくったお菓子を、彼女がここに持ってきて毎日売っているのだそうだ。バナナの葉に包まれた粽《ちまき》、レモン色の蒸しケーキ、タウンジンペッと呼ばれる葉に包んで蒸したタピオカ入りライスプディング。高さ三十センチぐらいの大きなケーキは、乾燥しないようガーゼに包まれている。全部で十種類以上あるが、どれもこれも米からつくったものなのだ。ミャンマーには米からつくるお菓子が多いのだが、日本にはないものばかりなので、既成の日本語で表現できないのがもどかしい。どれも手が込んでいて素晴らしく美味しいから、モチとか団子とか煎餅とか、そんな日本語でカテゴライズしてしまうと、ミャンマーのお菓子に貧弱なイメージを与えてしまいそうだ。和菓子の単語に置き換えるのはやめておこう。

　この中でわたしが好きなお菓子は、ガーゼに包まれた大きな米粉のケーキ、ソウモウン。上段は白色、下段はヤシ砂糖が入った茶色の二層になっていて、ケーキを薄く切って売ってくれる。ふんわりしっとりして

インドのドーサイ同様、米粉と豆粉を
あわせた生地で作るクレープ、カウモ
ウン。卵と砂糖をのせて甘く焼く

ソウモウン。上段は豆入り、下段は糖
蜜入り。生地はしっとりほのかに甘い

市場で、米からつくったお菓子を売る女性

いて口に入れると溶けるよう。ヤシ砂糖の風味のある上品で穏やかな甘さは、心をほっと和ませる。

この米粉のケーキは、米の粉を水で湿らせ、型に入れて蒸したもの。ケーキと表現したが、西洋のスポンジケーキを真似て小麦の代用に米粉を使っているのではない。米粉で作るのがオリジナルの伝統菓子なのだ。製法からすると、江戸時代に中国から日本に伝わった白雪糕《はくせっこう》というお菓子が頭に浮かぶ。日本では落雁《らくがん》と混同していつしか消えてしまったが、伝わった当時は、中国でも日本でも、このお菓子は身体に良い食べ物として珍重された。このソウモウンと同じ製法のものは、古くからの米どころ、中国南部や東南アジアとインドの東部や南部にもある。インドでは、砂糖を入れたものと入れないものがあり、入れないものはおかずと一緒に食べる主食でもある。昔、中国で身体によいものとして珍重されていたところを見ると、インドやミャンマーから中国に伝えられたものだったのかもしれない。

column

おやつ図鑑

ミャンマーでは、おやつに食べるスナックやお菓子のことを「モウン」という。ケーキやクレープ、揚げドーナツなどいろいろある。蒸しケーキの「タンティ・モウン」、たこ焼きのような「モウン・リミヤ」というふうに、名前に「モウン」が付くものが多い。よくみてみると、モウンの付くものはどれも米からつくったものなのだ。米を石の挽《ひ》き臼《うす》で挽いて生地をつくり、その生地からお菓子やスナック、米のめんもつくる。ミャンマーでは、めんもおやつの部類に入るが、お菓子やスナック同様に挽き臼で挽いた生地でつくる加工品だからだろう。

モウンづくりに欠かせない挽き臼をビルマ語では「モウン・ジェイ・セイ」といい、直訳すると「お菓子をつぶす道具」となる。近隣のタイやラオス、中国などの言葉では、挽き臼のことを「モー」とか「マオ」といい、「モウン」とつながる。「モウン」はモンなどビルマ人より先住の米を食べていた人たちの言葉で挽き臼を意味するのだ。挽き臼は、古くから稲作が発達した地域で発明され、米のおやつの原型が生み出された。ミャンマーの豊富なおやつのルーツもそこにつながるのだろう。

ガオニャンガチェイ　黒もち米を加えて紫色に蒸したおこわ。塩茹でのレンズ豆と削ったココナツの果肉をのせ、胡麻を散らす

米の生地でつくるパンケーキ。豆と香菜入りで塩味の**モウンピャタレ**。ココナッツ果肉とジャガリー入りで甘く茶色い**ペイモウン**

ラペトゥ　発酵茶葉の和え物。干し海老、揚げた豆、胡麻、揚げにんにく、刻んだ生唐辛子、トマトなどが入っている

モウンバインダウン　米の生地を、貝殻の形や、細長い形にして茹でたおやつ。好みで砂糖、胡麻、ココナツの果肉を散らして食べる

おこわ売り。もち米に油を加えてターメリックで黄色く色付けしたおこわ、**シータミン**。上にのっているのは揚げたシャロット。紫のは黒もち米入りのおこわ、**ガオニャンガチェイ**。豆入りの白いおこわもある

タンティモウン　米粉の生地に砂糖ヤシの果肉で黄色く色づけした蒸しケーキ。かすかな甘味のケーキ。好みで砂糖とココナツの果肉をかけて食べる

ディチン　ヨーグルト。素焼きの壺入りで売られている。酸味は少なくチーズのように濃厚。ヤシ砂糖の糖蜜をかけて食べる。素晴らしく美味しい

ンガピョーディサネマケン　バナナケーキ。上にはポピーシードがちりばめられている。かすかにバナナの酸味を感じ上品な甘さでとても美味しい

モケサキヤ　米粉の生地を花形の型に付けて油で揚げたスナック。薄くサクサクとした食感。甘い味と塩味がある

シュエジーサネマケン　セモリナの生地を炭火のオーブンで焼いたケーキ、上にはポピーシードがちりばめられている。程よい甘さで美味しい

ピンボアモウン　米粉の生地にタピオカを入れタウンジンペッという葉で包んで蒸したプディング。ココナツミルク風味の優しい味

ペットウ　豚肉、木耳、にんにく、香菜、シャロット、ワケギなど具だくさんの餡を餃子のような皮で包んで揚げたおやつ。ジューシーでうまい

丸いくぼみの鉄板に米の生地を流し入れ豆やウズラ卵をのせて焼く。焼いた半球をふたつ合わせるところから**モウンレミヤ**(夫婦菓子)という

バズンギャウ　海老のかき揚げ。米粉の衣を付けかりっと揚っている。隣には大きな有頭海老の串焼きもあった。どちらもポピュラーなおやつ

サムサトゥ　細かく刻んだサモサに豆やトマト、ハーブを加え、タマリンド汁、ライム、唐辛子、ンガピなどで和えた甘辛酸っぱいサラダ

サムサ　ジャガ芋、オニオン、豆などを入れて三角に包み揚げたおやつ。路上では、揚げながら売っている。ティーショップの定番おやつ

モウンガラーメー　もち米を臼で挽いた生地にヤシ砂糖を入れて加熱しながらこね混ぜてつくる飴餅。上品な甘さでいくらでもたべられる

製めん店の米めんづくり。大鍋のお湯に米の生地を糸状に押し出して茹でていく。茹でためんを洗って水を切る

製めん店。朝早くから客が訪れる

めん好きの人々

製めん店の朝は早い。午前三時にはめんづくりが始まる。ラペイエサインであれ、めん料理の店であれ、調理するめんは、製めん店がその日の朝につくったもの。ミャンマーの人は、いつも出来たての美味しいめんを食べているのだ。

ウーゴマウンさんが営む製めん店は、お父さんから受け継いだ店で、小麦のめんと米のめんをつくっている。作業場では、一九七五年から使い続けているという電動の大きな石の挽き臼がぐるぐるまわっている。挽かれた米は白い液体になって容器に溜まってゆく。この白い液体を沈殿させて採った米のペーストを、蒸して捏《こ》ねると米のめんの生地になる。

わたしが訪れた午前六時過ぎには、すでに小麦のめんづくりは終わっていて、米のめんを茹で始めたところだった。炭が赤く燃えるかまどの上で、大鍋の湯が

モヒンガーに天ぷらを添えて

ぐらぐら煮えたっている。上半身裸の若い職人が、小さな穴がたくさん空いた容器に生地を入れ、糸状に押し出し茹でていく。茹で上がった米めんを他の職人が取り出して水で洗い、笊《ざる》にあげて水を切る。店先のテーブルには、広げたバナナの葉の上にめんが置かれ、客が次々やってきて、出来たてのめんを買っていく。

ミャンマーでは、めんはおやつの部類に入るそうで、日に何度食べても飽きないという人もいる。めん料理の種類はとても多く、めんの太さや形もいろいろある。めんを使う料理はバラエティーに富んでいる。

なかでもすごいと思うめん料理に、具だくさんのめんの和え物、アソウトウがある。米のめん、小麦のめん、春雨など種類の異なるめんを合わせ、茹でたじゃがいもや厚揚げ、せん切りキャベツ、香菜などを、干し海老の粉、豆の粉、タマリンドの濾し汁、唐辛子、魚醤などで調味して和える。海老の旨味とタマリンドの酸味が効いていて美味しく、具材のいろんな味と食感が心地よいおやつだ。

種類の違うめんを混ぜて使うという美味しい発想は、

出来たての米のめん。太いもの細いもの平たいものと様々なめんがある

どこから生まれたのだろう。どのめんにするかを決めかねて、一緒に食べちゃえ、と思った人がいたのだろうか。いずれにせよ、並みのめん好きにはできない発想だ。

ミャンマーは、ユーラシア大陸に広がる小麦食文化と米食文化が東西と南北で交わる交差地域にある。めん料理の多彩さは、この地理的環境にあるのかもしれない。

ミャンマーのめん料理は、他の国のめん料理にも影響を与えている。たとえば、ミャンマーでポピュラーなチキンヌードル、オノカオスエは、ミャンマーからタイに伝わってカオソイになり、ミャンマーからインドを経てマレーシアやシンガポールではラクサとなった。どちらも、今ではその土地を代表する郷土料理になっている。

めん料理は、客の注文が入ってからつくる。豆入りの汁めんシャンカオスエイェーをつくっているところ

鶏肉をのせためん料理ミシェで朝食

column

めん料理図鑑

ミャンマーはめん料理の種類がとても多い。その理由は多民族国家だからといえそうだけど、そう単純ではないようだ。例えば、シャン人のミシェというめん料理。米のめんに鶏や豚などの肉を合わせた料理なのだが、ミシェといっても地方によって違うのだそうだ。

シャン人はシャン州にだけに住んでいるわけではない。ミャンマーの各地に住んでいる。シャン人が住むそれぞれの地方に、独特のミシェがあるのだそうだ。めん料理は家庭でつくって食べるより、買って食べることの多い料理だ。他の土地へ移住した人が、故郷のめん料理の店を出して生計を立てるとすれば、その土地の嗜好にかなったものになるのだろう。移住先の土地の食材や食文化との融合だ。ミャンマーは、乾燥地帯からモンスーンまで土地によって気候が異なるから、食材や食習慣にも違いがある。山をひとつ越えるたびに違う食の世界があるのだ。

ヤンゴンのような都市には、各地からシャン人がやってきて店を出しているから、店主の出身地によって、出てくるミシェが異なるのだ。これは、シャン人以外のめん料理でも同じことがいえる。ヤンゴンでめん料理を食べ歩けば、ミャンマー各地のめん料理を旅することになりそうだ。

シャンカオスエトッ　米めんに肉、厚揚げや香菜などをのせたシャンの汁なしめん

アソウトッ　数種類のめんにじゃがいもなどいろんな具材を合わせたヌードルサラダ

シャンカオスエイェー　米めんに肉と豆のソースをのせたシャンの汁ありめん。めん料理にはたいてい、らっきょうなどの漬物が付く

オノカオスエ　ココナツチキンカレーのスープめん。ゆで卵やシャロットをのせて好みでライム、魚醤、唐辛子を入れて食べる

モヒンガー 魚のほぐし身入りスープめん。スープはほのかにこぶみかんの葉の爽やかな香りがする。ゆで卵や香菜など薬味を加えて食べる

ミシェ 豆醤味のミートソース、茹でた鶏肉または豚肉、高菜やピーナッツなどがのったシャンのめん料理。汁ありか汁なしがある

ワェガウトッ 米の生めんに、ブタの耳や鼻などの頭部と、腸などの内臓が入った汁なしめん。豆醤やラードと混ぜ合わせて食べる

チャーザンチェ ウズラの卵、木耳、百合の花、鶏肉などが入った春雨スープ。シャロットや香菜などの薬味とライムや唐辛子を加えて食べる

チューオゥ 豚肉とレバーやガツ、ハツなどの内臓がたくさん入ったスープめん。米の細めんや平めんなど、めんを選んで注文する

ガチェガイ 米の平めんと豚肉、シャロット、卵を合わせて炒めたフライドヌードル。ぴりっと辛い南部の料理。別名マレーシアカオスエジョ

市場の雑踏の中でソウモウンが売られていた。直径30cm高さ40cmほどの米粉の蒸しケーキを切り分けて売る。客足は絶えず小一時間で売り切れる

市場の野菜売り。美しく並ぶ採りたての野菜

夜の街には様々な屋台が出る

ミャンマー料理

高校の英語教師をしているサンさんは、淡い黄色のレースのブラウスがよく似合っている。皿に盛った白いご飯の上にペンガピチェを落とし、きれいな指でご飯と混ぜ合わせている。ペンガピチェは、細かく刻んだ玉ねぎやにんにくやトマトを、豆を発酵させたペンガピ（豆醤）で炒めてつくるディップソースのような料理。「よく混ぜた方が美味しいのよ」と教えてくれる。わたしもサンさんの真似をして、指で混ぜ合わせて口に入れる。トマトの酸味と豆醤の旨味が重なって美味しい。揚げた白身魚の身を指で摘んでご飯と合わせ一緒に食べる。きゅうりにペンガピチェをつけて口に入れる。海老のなれずしブゾチンの炒めものをご飯と混ぜて口に入れる。リズミカルに、次々料理に手が伸びる。手で食べるのは美味しくて楽しい。食が進んで止まらない。気がつくと無言で食べていた。

最近人気の魚介のカレーポット。新しいミャンマー料理が日々生まれている

サンさんの向かいでは、四歳年下の妹がスプーンとフォークで食べている。彼女は、手で食べているわたしを見て、外国人で手で食べるのが下手な人を見ると気持ち悪くなるけど、あなたは大丈夫ねという。ドキッとしてからややホッとする。なるほど、食べ方ってそうだよな、と改めて気づかされ勉強になる。私はこれまで東南アジアやインドで手で食べる美味しさを知って以来、現地の人が指を器用に使って美しく食べるのを真似てみたり、指にご飯粒がつかないように食べるコツを土地の人に教えてもらったりして、日々、手食いの指使いを練習していたのだ。「スプーンで食べるのは美味しくない。金属の味がするもの」とサンさんは妹を見て苦い顔をして笑い、自分のご飯を美味そうに口に入れた。

ご馳走になった海老のなれずしブゾチンは海老を丸ごと発酵させたものだが、別な形のものもある。海老のすり身とご飯を混ぜてタウンジンの葉に包んで発酵させたもので、本当に美味しい「寿司」だった。薄桃色で海老のぷりっとした食感があり、臭みもなく程よ

おかずをご飯にのせて食べる。摘み野菜と野菜たっぷりのスープが付く

い酸味で上品な味。日本の寿司の原型を体験できたようで嬉しい。わたしにはそのまま食べても十分美味しいけど、たいてい、ほぐしてシャロットやハーブ、唐辛子などと和えてサラダのようにして食べる。

ミャンマーの料理には、いろんな豆が使われる。塩茹でしたヒヨコマメをご飯やパラタと一緒に食べるし、レンズ豆のスープもよく食べる。日本で正月料理の煮物に使われる高級品の花豆に似た大きな豆も、炒め煮にして普段のご飯のおかずになったり、素揚げにしてスナックになったりする。豆のフライは何の味も付いてないけど、豆だけで美味しい。豆を臼で挽いて発酵させたり、豆の煮汁を煮詰めてつくる豆の風味ペーストを、豚肉の煮物を艶やかに仕上げるソースにしたり、和え物のソースにする。豆を粉にして和え物の風味付けやスープのとろみ付けにも使う。それに納豆や豆腐の種類も多い。種類豊富な豆は、料理で使い分けられる。

早朝、市場に行った。どの売り子も野菜や果物を美しく並べて売っている。野菜は近郊で栽培された新鮮なもの。とても種類が多い。魚介も肉もその場でさば

右上から時計回りに：胡麻のおからの和え物ナパ。豚内臓の炒め煮ウェガリーザヒン。豆の炒め煮ペジナ。豆ソースの和え物ポウイェージトッ。魚の塩辛を煮溶かして唐辛子やにんにくなどと合わせたディップソース、ンガピイェーは、野菜と一緒に食べるご飯のおかず。大海老の揚げ煮ブゾウドウシービアン。酸っぱいタマリンドの新芽の和え物メジユエトッ。ヤギの脳みその煮物サイオウナヒンは白子のように美味しい

いて売っている。冷凍ものじゃないから、きっと美味しいんだろうなと思う。緑の葉に包まれた海老のなれずしブゾチンも売られていた。ブゾチンはたいてい寒い季節につくられるのだそうだ。その隣ではスパイスが売られている。真っ赤なチリパウダーや黄色のターメリックがボウルに山になって、赤い唐辛子と並んでいた。その脇で、おばさんがンガピジェーを売っていた。ンガピジェーは、食卓に欠かせない一見ふりかけのようなお惣菜。玉ねぎやにんにく、唐辛子、干し海老などを油で揚げてそれらをブレンドしてつくる。家庭でもよくつくられる長期保存の利くおかずだ。酸っぱいチンバオの葉や未熟の青いマンゴーと合わせたものもある。きっとどれもおばさんがつくったものなのだ。

ふと後ろを見ると、黄衣に身を包んだ僧侶たちの托鉢の列が近づいていた。僧侶たちは裸足で、両手で鉢を抱えている。喜捨をする人々は、横一列に並んで順番に僧侶の鉢にご飯やおかずを入れ、手を合わせる。僧侶たちは、きりっとした表情を崩すこともなくしずしずと進み、市場を抜けて行った。

素焼きの器に米のとぎ汁を貯めてとっておく。魚など食材の臭みやアクをとったり、油物を洗うのに使う

家庭の台所。スパイスやハーブを潰す小型の搗《つ》き臼は欠かせない

ニガウリの新芽は炒め物やスープに

未熟のマンゴーなど酸味のある野菜が並ぶ

魚は川魚が多い。フライや炒め煮にする

天ぷらになる夕顔の実

ミャンマー料理の基本スパイス
ターメリック、マサラ、唐辛子、チリパウダー

香りよいガコバンの花

ご飯のおかず、ンガピジェーいろいろ

バナナの花

長い野菜ドラムスティック、ダンドロディ

調理に欠かせない唐辛子

海老のなれずしブゾチン

清らかな白い花ジゾワパン

濃くて美味しい豆腐

酸っぱいタマリンドの新芽

魚の発酵調味料ンガピガウン

シャロット

column ピョンピョンモンさんの料理レシピ

料理家ピョンピョンモンさんに教わる家庭料理

日本で手軽につくれるミャンマー料理を紹介します。

チャーザンチェ（湯葉と百合の花のスープ春雨）

【材料】 春雨200g、玉ねぎ1個、鶏肉200g、干し百合の花20g、湯葉20g、きくらげ適量、茹でたウズラ卵6個、水3カップ、しょうが1片、にんにく1片、ターメリック小さじ1、ナムプラー　大さじ1、塩適量

【作り方】 ①玉ねぎはスライス。にんにくとしょうがはすりつぶす。百合の花、湯葉、きくらげは水に浸してもどす。鶏肉、きくらげと湯葉は食べやすい大きさに切る。②鍋に油を熱し、にんにくとしょうがを炒め、香りがでてきたら玉ねぎを加えきつね色になるまで中火で炒める。ターメリックを加えて軽く炒める。③②に水を注ぎ、煮立ったら鶏肉を入れて火が通るまで煮る。④③にきくらげ、百合の花、湯葉を入れて煮、ナムプラーと塩で味付けする。⑤器に茹でた春雨を入れて④を入れ、ウズラの卵をのせる。

シャンカオスエ（シャンのミートソースヌードル）

【材料】米のめん（乾燥）200g、玉ねぎ1個、豚ひき肉200g、ターメリック小さじ1、チリパウダー小さじ2、しょうが1片、にんにく1片、ターメリック　小さじ1、ナムプラー大さじ1、ンガピ（海老の発酵ペースト調味料）小さじ1

【作り方】①米の乾めんは、水に浸して柔らかくなるまでおく。玉ねぎはみじん切りにする。②鍋に油を熱し、にんにく、しょうがを入れ香りがでてきたら玉ねぎを入れて炒め、ターメリックを加て炒め、豚肉を加えて火が通るまで炒めて、ガピとナムプラーで味を付ける。③鍋にお湯を沸かし、めんを15秒ほど茹でて水けを切り、器に入れ、②と薬味をもりつける。好みでレモン汁、ナムプラー、チリパウダーを加え、よくかき混ぜて食べる。

ブーゾージョー（海老トマト炒め）

【材料】玉ねぎ1個、海老300g、にんにく1片、しょうが1片、ターメリック 小さじ1/2、チリパウダー 小さじ1、マサラ 小さじ1、ナムプラー小さじ2、水煮トマト 1/2缶、いんげん適量

【作り方】①玉ねぎはスライスし、にんにくとしょうがはすり下ろす。インゲンは食べやすい長さに切る。海老は殻をむき背を開いてワタをとる。②鍋に油を熱し、にんにく、しょうがを入れ香りがでてきたら玉ねぎを入れ、きつね色になるまで中火で炒め、ターメリックとマサラを加えて軽く炒める。③②にトマトとインゲンを加えてやや汁気がなくなるまで炒め、海老を入れて火が通るまで炒める。④チリパウダー、ナムプラーで味付けし、最後にマサラを加え風味を整える。

チェッターヘン（鶏肉の炒め煮）

【材料】玉ねぎ中2個、鶏肉400g、にんにく1片、しょうが1片、ターメリック小さじ1、チリパウダー　小さじ1、水適量、ナムプラー小さじ1、マサラ小さじ1

【作り方】①玉ねぎはスライスし、にんにくとしょうがはつきつぶすか、すり下ろす。鶏肉は食べやすい大きさに切る。②鍋に油を熱し、にんにく、しょうがを入れ香りがでてきたら玉ねぎを入れ、きつね色になるまで中火で炒める。③ターメリックを加えて軽く炒め、鶏肉を入れて軽く炒め、水を加えて鶏肉に火が通るまで煮る。④チリパウダー、ナムプラーで味付けし、最後にマサラを入れ整える。

column　下町フードトリップ

　市場やスーパーマーケットは、旅行者にとって食と暮らしの博物館。食品、衣類、雑貨などありとあらゆるものがそろっていて、ミャンマーの暮らしと文化が見えてくる。
　早朝の市場を歩いていると、おばあさんが一人、地面に茣蓙《ござ》を敷いて白い花を広げた。おばあさんは、その白い花を左耳の脇に差して髪飾りにしている。おばあさんが花を広げたのと同時に、人が続々集まってきておばあさんを囲んだ。おばあさんは、タバコを口にくわえたまま白い煙を吐き出し、落ち着いた様子で楽しむように花を並べている。たくさんの黄色いめしべを白く柔らかそうな大きな花びらが囲む優雅な花だ。なんでこんなにこの花は人気があるんだろうか。近くの人に聞くと、この花はガゴバンといい、部屋や車に置いて香りを楽しんだり、化粧品の香料にもなるのだそうだ。わたしもひとつ買ってみた。甘いような爽やかな香りがした。

マーケット案内

Theingyi Market　テインジーゼー
28 Inya Road, Kamayut, Yangon
Tel : 01-502720
ダウンタウンの3つの通りにまたがる英領時代からの古い市場。5つのビルに別れて約1200の店が入っている。Aブロックのビルには農具。Bはロンヂーなどの布地とテイラー。Cはその他衣料品。Dは文房具、Eは建材など。営業時間は6時〜18時頃。新月と満月の日は定休日。（Map : P7-B）

Than Market　タンゼー
28 Inya Road, Kamayut, Yangon
Tel : 01-502720
チャイナタウンにあるマーケット。建物の1階から5階までが市場になっている。1階は調理道具や食器、2、3階は日用雑貨や衣類、5階は書店Yangon Book Plaza が入っている。営業時間は6時〜17時頃。定休日は日曜、祝日。
（Map : P7-B）

タンゼー1階の調理具売場

Kyeemyindaing Market
チーミィンダイゼー
No.124, Pyihtaungsu Avenue Street, Dagon Township, Yangon　Tel : 01-372822
魚介類が新鮮で有名。14時ごろから開店。夕方は衣料品なども並ぶナイトマーケットになる。夜8時頃まで営業している。新月と満月の日は休み。
（Map : P6）

Hledan Market　レーダンゼー
No.124, Pyihtaungsu Avenue Street, Dagon Township, Yangon　Tel : 01-372822
質のよい生鮮食品を扱うことで評判のよい市場。市場周辺には, 屋台が多く、スナックを売る店がたくさん並ぶ。屋台は夜遅くまで営業している。営業時間は7時〜16時半頃、定休日は、新月、満月の日、祝日（Map : P6）

レストラン案内

Min Lan (Sanchaung支店)
ミンラン
77/C, Shin Saw Pu Road, Opposite MEP, Windsor Garden Housing, Sanchaung, Yangon
Tel : 09-43125152
ラカイン料理のシーフードレストラン。ラカインのお菓子やヌードルも楽しめる。Bahan、Kamayutなど全部で4つの支店がある。
(Map : P7-A)

Maw Shwe Li　モゥシュエリ
No.654,2nd street, Lanmadaw Township, Yangon
Tel : 01-236523
シャン料理レストラン。通りに面したビルの1階と2階、外の席がある。カジュアルなレストラン。(Map : P7-B)

Jana Mon　ジャナモン
114 Nandaeoon Road, Bahan Township, Yangon
Tel : 09-250825442
モン料理のレストラン。甘辛酸っぱいハーブの効いた美味しい料理が味わえる。(Map : P7-A)

Shan Yoe Yar　シャンヨウヤ
No. 169, War Dan street, Lanmadaw Township, Yangon.
Tel : 09-250566695
シャン料理。ヤンゴンで知られた伝統料理の店。店内はシャン風の内装が施されている。
(Map : P7-B)

Jing Hpaw Myay　ジンパウミャイ
2B Kyun Taw Street, Sanchaung Township, Yangon
Tel : 01-524525, 09-420247034
カチン料理のレストラン。カチン州から取り寄せた食材を使った料理が味わえる。(Map : P7-A)

Myeik Maung Taik　ミエクマウンタイク
135, Dhama Zayti Road, Shwe Taung Gyar Ward (2), Bahan Township, Yangon
Tel : 09-5167364, 09-73235812
南部ミエクのピリ辛のフライドヌードルのカッジーガイの店。ヌードル以外にもいろんな料理がそろっている。(Map : P7-A)

Chapter 6

吉祥を呼ぶ日

お坊さんは幸福のシンボル

シンビューで出家した少年僧。在家者たちが僧侶の鉢にご飯を喜捨している

入門式の様子。俗界の服を全て脱ぎ去り、
先輩の僧侶に衣を着せてもらう

僧侶になったトンリンさんを拝む家族

出家してお坊さんになる

ここは、樹木に囲まれたインヤー湖の畔にある僧院。太い柱が何本も立つ大広間には、久しぶりに集まったピョンさんの親類たちが、チークの床に茣蓙を広げ、お菓子を摘みながら団欒している。その脇で、彼女の姉や妹たちが談笑しながら、「シンビュー、吉祥の善行」と印刷された赤い袋に、タオルを一枚ずつ詰めていた。シンビューとは、僧侶になる儀式のこと。儀式は今日と明日行われ、彼女たちの夫や息子、兄弟や娘婿など、七歳から六十歳まで総勢二十人が僧侶になる。ピョンさんの兄弟姉妹は全部で九人。そのうちの姉妹六人が共同でシンビューを主催し、身内の男性たちを仏門に送り出す。

まもなく入門の儀式が始まり、明日は正式な僧侶になる大事な儀式が行われる。出家するとはどういうことをいうのだろう。辞書を引いてみると、夫婦や親子、

本堂の巨大な仏像の前で執り行われた
得度式。高僧から221の律を授かる

引き出物の準備をするピョンさん姉妹

友人などの関係を絶ち仕事も辞めて修行生活をすることとある。つまり一家の大黒柱が、妻子を捨てて世捨て人になることのようだ。今夜から男性たちは僧院に寝泊りして修行生活に入るのだが、別れを悲しむ様子はないし、落ち着いていて楽しそう。実は、家族を捨てるのは、この先ずっとではないのだ。出家の期間は、四日や十日、一カ月の人もいれば無期限の人もいて、いつ元の生活に戻るかは、個人の自由に任されている。

シンビューを主催することは、仏教徒にとってこの上ない善行になるそうで、彼女たちは自分たちでシンビューを出せることを心から喜び、満ち足りた気持ちに浸っている。これまで大勢の知人や友人に案内状を出したり、お客さんたちにご馳走する料理を手配したりと、準備を整えてきた。明日は大勢のお客さんが訪れるのだが、タオルは記念の引き出物なのだった。

剃髪を済ませた男性たちは、出家前に軽く腹ごしらえ。卓袱台を囲んでフライドライスを食べ始めた。僧侶になると、午後の食事は戒律で禁じられているから、これが最後の夕食だ。ピョンさんの夫トンリンさんは、

入門式を終えた男性たち

普段と違って緊張した面持ちだ。成人してから出家するのは初めてだというから、不安なのかもしれない。僧侶になったら、言葉遣いや生活の作法が全て変わるのだそうだ。出家を何度も経験している人たちは、慣れているのかリラックスしている。ピョンさんの弟は五回以上出家していて何回だっけと数え切れないらしいし、彼の息子は十二歳にして既に三回出家しているそうだ。最初の出家は両親が出したシンビューで、二回目は母方の祖母の主催で、三回目は知人が主催のシンビューに誘われて出家した。出家させる人数は多いほど良いから誘い合うのだそうだ。機会があれば、何度でも出家するらしい。今回シンビューがあると聞いたピョンさんの甥の同僚も、出家したいと手を上げた。彼の幼い息子も一緒に出家するという。

木造二階建ての住職の僧房で、今日の儀式「入門式」が始まった。服も下着も身につけていたものを全て脱ぎ、僧侶の衣を先輩の僧侶に着せてもらい、仏陀の息子になってゆく。住職の後に続いて、誓いのお経を唱える。「ブッダン、サラナン、カチャーミ……」低く

得度式を終えた僧侶へ喜捨をする女性たち。喜捨は幸福を呼ぶ喜ばしい行い

響く大人の声に、小学生の元気な声が重なった。ドアの外から女性たちが、中の様子を伺っている。住職から僧侶としての振る舞いや話し方の指導を受け、十五分ほどで無事入門式が終了した。

小豆色の僧衣に身を包んだ男性たちが、住職の僧房から外に出てきた。みんなずっと前から僧侶だったように威厳が感じられる。さっきまでじゃれあっていた少年も生まれながらの聖人のようだ。女性たちは、僧侶になった息子や夫に手を合わせて拝み嬉しそうだ。ピョンさんと娘さんも、トンリンさんに手を合わせて拝んだ。マンダレーからこの日のためにやってきた彼の両親も手を合わせ拝み、息子が僧侶になったことを喜んでいる。僧侶になった彼らは、家族や友人を無視するように遠くに視線を向けて、清ましている。「出家したからには世俗との関係を絶つ」と意識しているのだろうが、トンリンさんは嬉しさからか、時々口元が緩むのだった。水曜日生まれのトンリンさんの戒名は、テーラオンタ。小学生の娘さんがピョンさんのバックからメモ帳を取り出し、戒名を書き留めた。

本堂から出てくる僧侶を待つ喜捨の列。人々の間を僧侶たちが静々と進む

お坊さんのごはん

トントントン、トントントン。午前四時、時を知らせる木魚が鳴った。トンリンさんは夢うつつに目を覚ました。ひどくお腹が空いている。そうだ昨夜から出家したのだと思い出す。うーと一瞬吐き気に襲われ気が遠くなりそうになる。この辛い空腹は以前どこかで体験したような……と記憶をたどると、子供の頃の出家だと気がついた。忘れていた記憶が蘇える。トンリンさんは、十歳の夏休みに、弟と一緒に出家したのだった。空腹の辛さはあっても、お布施の珍しいお菓子が食べられたり、ジュースも飲めて子供にとっての出家は楽しいイベントだったことを思い出す。それにしてもこの空腹は辛いのだった。しかしこれも修行のうち。空腹を払いのけ、僧衣をきっちりまとい僧侶の顔で外に出た。

午前五時、ピョンさん姉妹と姪たちが、僧院にやっ

食事前、僧侶が短いお経を唱える間に、一瞬テーブルを持ち上げる。健康で幸せに暮らすおまじない

てきて僧侶たちの朝食を準備し始めた。今日の朝食はカチガイというピリ辛のフライドヌードル。僧院の僧侶全員に差し上げる。

僧侶たちが厳かにそれぞれのテーブルにつき、年長の僧侶たちから食事が始まった。小さな子供の僧侶たちはげっそりした表情だが、駄々を捏ねたりしない。僧侶らしく黙って座っている。ピョンさんたちは、離れたところから食事を見守り、手を合わせて祈った。

幸せのシンボル

朝食の後は、成人した者たちだけが正式な僧侶になる得度式が執り行われる。シンビューのメインイベントだ。今日は、招待したお客さんたちが、僧侶となったトンリンさんたちへお布施をしにやって来る。お客さんが家族連れで来ることや誘い合わせて来ることな

ナッツやレーズンとスパイスで炊き込んだ鶏もも肉のビリヤニ、ダンバウ

ども考えて、来客用の食事はたっぷり三百人分ぐらい用意してある。人にご馳走するのは善行になるため、大勢来てくれればそれだけ功徳が積め、とても喜ばしいことなのだという。ミャンマーでは来た人みんなにごちそうするのが普通で、結婚式でもこんな具合らしい。招待した人の食事しか用意しない日本から来た私には、太っ腹な人たちに映るのだった。

ピョンさんたちの仏教では、善い行いは自分自身の幸福につながる。善い行いの中でも最高ポイントの行いはパゴダを建立すること、その次はシンビューを主催することや息子を仏門に出すこと、さらに僧院への寄付、僧侶へ食事を差し上げるなどのお布施、人にご馳走したり物をあげたりすることなどとなるそうだ。善い行いを積めば、後々善い報いにあずかれる。ピョンさんたちの望みは、悩みも苦しみもなく幸せに暮らせること。あわよくば、仏陀のいるニルバーナ（涅槃）に行けることなのよとピョンさんは教えてくれた。

結界を示す石に囲まれた小さな本堂で、得度式が始まった。結界の中は聖域だ。儀式でとなえられるお経

シンビューで一緒に通過儀礼をしたトンリンさんの娘。お姫様の衣装を着ている。女性は僧侶にはなれない

を浴びると、霊験あらたかなパワーが得られるといい、ピョンさんの弟は、友人たちに託された数珠をたくさん持って入っていた。戸口から覗くと、小さな本堂の中は、大人が二十人以上入っているので隙間がないほどだ。僧侶たちの額には汗が玉になり流れている。仏壇のローソクの炎は、風に揺れることもなくまっすぐ上に昇っていた。大きな仏像が見下ろすその下で、儀式を司る五人の高僧を前に、三人ずつ並んでパーリ語の戒律を唱え、順番に儀式が執り行われていた。

外では女性たちが、正真正銘の僧侶になって現れる男性たちを待っている。本堂の戸口から僧侶が歩く赤い絨毯の両側に分かれて並び、その列は境内の外まで続いていた。並んでいるのはすべて女性。華やかなミャンマーの衣装に身を包み正装している。特に若い女性は艶やかで美しい。こんな女性たちに出迎えられたら、僧侶はドキドキ心が乱れてしまいそう。彼女たちは、お布施にする石鹸などの生活雑貨や紙幣を入れた封筒の束を手に、久しぶりに会った知人や友人と近況を話したり昔話で盛り上がったりしながら、時々儀式の様子を伺うように本堂の方へ目をやっていた。

一時間以上経っただろうか。住職が本堂の戸口に立ち、にこやかに儀式が終わったことを告げた。最初の一人が托鉢用の黒い鉢を抱えて戸口に立った。二人目、三人目と続き、しばらくしてトンリンさんも前の僧侶に続いて出てきた。正式な僧侶になった彼らは、仏陀の歩んだ涅槃へ至る道に立っているのだという。僧侶たちはまっすぐ前を向ききりっとした表情で進む。女性たちは嬉しそうに僧侶を迎え、次々お布施を渡していく。得度式を終えた直後の僧侶へのお布施は、普段のお布施より何倍もの効力があるそうだ。

午後、トンリンさんたち僧侶に、どんな気分か聞いてみた。「本堂から出た瞬間、心も身体も新しく生まれ変わったように感じた」「特別な力が備わったようだ」と瞳を輝かせた。きっと目的地へ達する力が備わったのだ。シンビューの日は、主催者もお客さんも、だれもが善い行いができて晴れ晴れしい、幸せな気持になれる吉祥の日なのだった。

儀式の後、高僧の説教を聴く人々。先輩僧侶たちは上段に、新米の僧侶のトンリンさんたちは下段に座っている

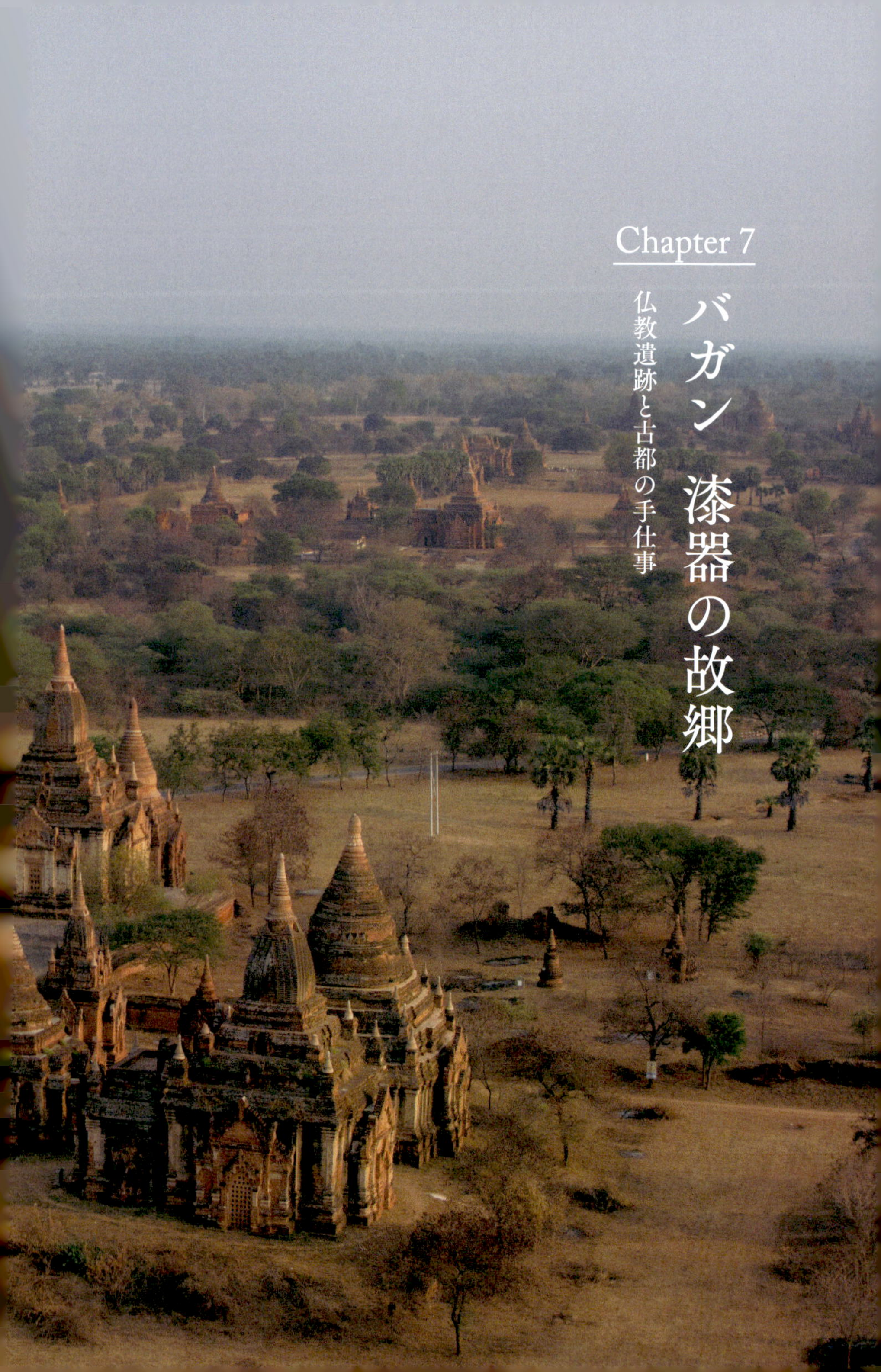

Chapter 7

バガン 漆器の故郷

仏教遺跡と古都の手仕事

パガンには、来世の幸せを願って建立された パゴダが地平線の彼方まで広がる

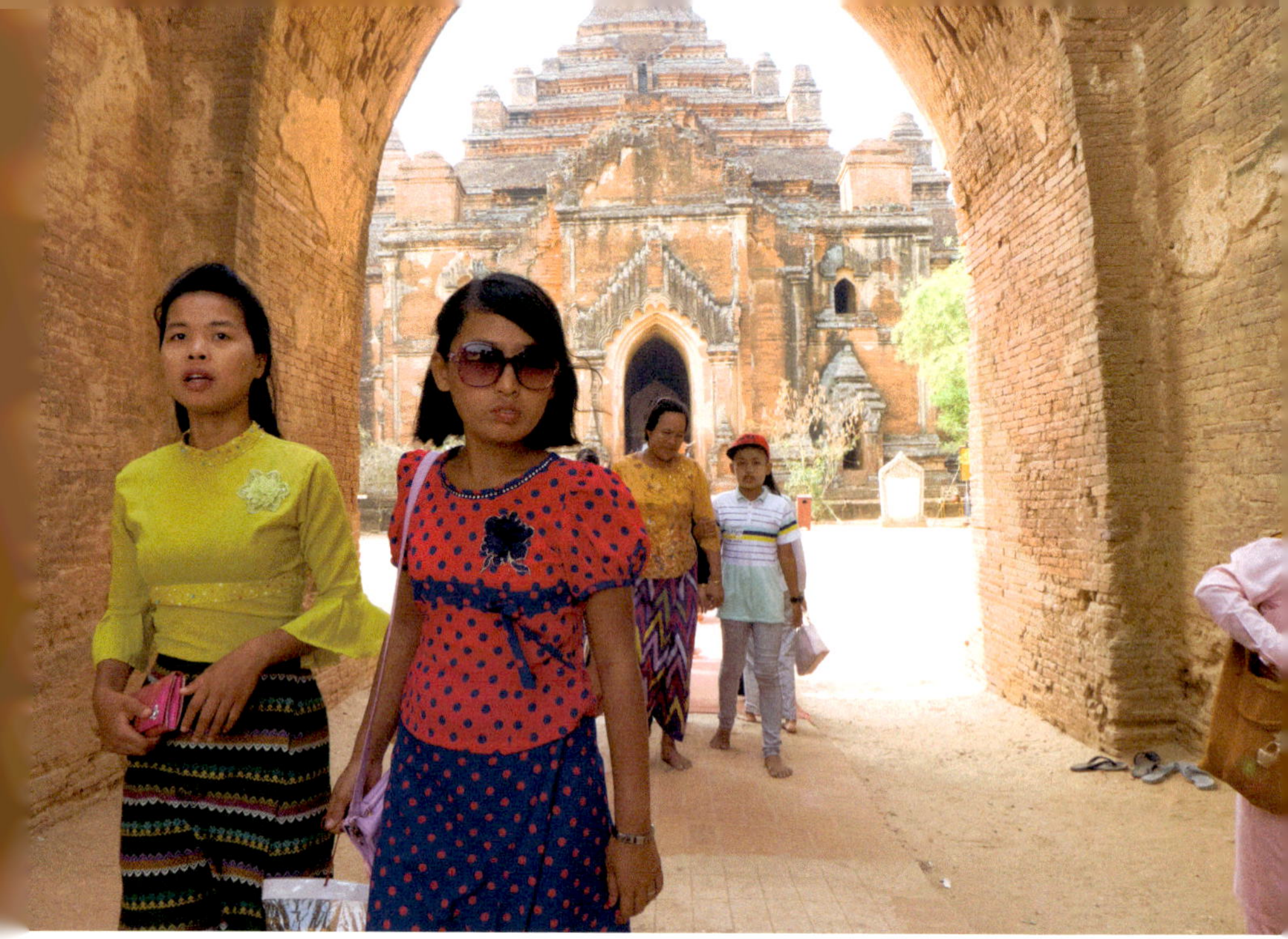

シュエサンドーパゴダ

バガン五カ所巡礼

　乾季の終わり、マンダレーから国道二号線をバガンに向かう。モウジョウさんとチョウチョウさん夫妻の案内で、観光とはひと味違うバガンのパゴダ五カ所巡礼をしようと思う。モウジョウさんが運転する車の窓の外には、砂糖椰子の大木がまばらに立つ乾いた大地が広がっている。背の高い砂糖椰子が五、六本集まって生えているのは、私たちを見下ろし立ち話しているようだし、単独の砂糖椰子は一人で遠くを眺め突っ立ってように見える。そんな砂糖椰子の茂る砂漠のような風景が延々と続いていた。

　バガン遺跡のあるニャンウーに入ると、夕顔の天ぷらを出すお茶屋アジョサインに立ち寄った。店はオープンエアーで、夕顔の棚が日除けになって店全体に広がっている。その下の木陰に並ぶテーブルで、衣はサクっと中はとろーり美味しい夕顔の天ぷらを食べた。

アーナンダパゴダ。バガンのパゴダは「遺跡」ではない。今も仏教徒の信仰に生きる聖域だ

店の入口近くでは、ヤシ砂糖の実演販売をしている。大鍋に砂糖椰子の樹液を入れ、かき混ぜながらどろどろになるまで煮詰めてつくる。砂糖椰子からつくる砂糖は、風味が良く穏やかな甘さでとても美味しい。精製した甘いだけの砂糖とは全く違う。樹液を煮詰めて固めた椰子砂糖飴やココナツの果肉と混ぜたお菓子が売られていた。

その隣には胡麻も並んであった。このあたりは胡麻の産地なのだそうだ。町の商店では、店で絞った自家製の胡麻油を売っているという。油を搾った後に残る「おから」はシャロットや唐辛子などと和えておから料理になる。他ではなかなか味わえないバガンの郷土料理だ。バガンのレストランで食べたが、香りよくクリーミーな舌触りでとても美味しかった。

翌朝、バガンのホテルを出発し、巡礼最初の参拝地シュエサンドーパゴダへ行く。モウジョウさんが「今日は五カ所で祈願するけど、全部昼前までにまわらないと無効になるよ。それと、願い事はひとつだけだよ」と五カ所巡礼のルールを説明する。そうなのか、とわたしも改めて願いごとをひとつ心に決めた。

　シュエサンドーパゴダの駐車場に車を停めると、車内で靴を脱ぎ裸足になった。ドアの外はもう聖なるパゴダの境内。ミャンマーでは、パゴダでも僧院でも、境内では履物を脱がなければならないのだ。赤いパウダーのような土の上は、やわらかく歩いていて気持がいい。でも、ちょっとでもでこぼこしたところを歩くと、痛い！となるし、陽に焼けたレンガの上は、熱い！となってしまう。でも、みんな平気ですたすた歩いていく。私の足の裏はひどく軟弱なのだ。モウジョウさんが教えてくれた仏像の前で拝み願い事を済ませ、パゴダをぐるりとまわって見る。壁にははるか昔に描かれた仏像の姿が薄く残っている。愛らしいタッチで描かれた絵はアーティスティックで興味深い。

　二つ目と三つ目の参拝地は、ダマヤジカパゴダにある。四つ目はターマニパゴダという白い小さなパゴダだ。このターマニパゴダには、ある日突然石になってしまったという不思議な魚が、水を張った石の水槽の中にいる。この魚の頭を三本指で三回撫でる。その後その指で自分の頭を三回撫でると願い事がかなうという。最後は、エーヤワディー河の畔にあるロカナンダパゴダ。パゴダの隅のお堂で拝み、境内にある曜日の仏像が並ぶところに行って、自分の仏像に水をかけ、無事五カ所巡礼を終えた。

　ロカナンダパゴダからは、大河エーヤワディーが見下ろせる。エーヤワディー川を下ると、アンダマン海に出る。古代からこの河を船が行き来し、海外とも交流して多くの人と物が行き交った。エーヤワディー川沿いには、紀元前に遡る文明国ピューの城壁都市の遺構が点在する。

　ビルマ人は、もとはチベットなど北方から来た人たちで、先住のモンやピューを支配し、彼らの農耕技術や仏教を身につけた。このバガンはピューの土地だったが、九世紀頃、ビルマ人がここに都を置いて国を興し、南のモン人の国も攻略して、バガンがビルマの政治と文化の中心になった。バガンは仏教の聖地でもあった。エーヤワディー川を介して海外との交易で富を得た王侯貴族は、来世の幸せを願ってパゴダを建立し功徳を

細やかな模様が描かれた古い漆器。地の器に馬の毛を用い、漆塗を施した上質の漆器は、柔軟性があって軽い

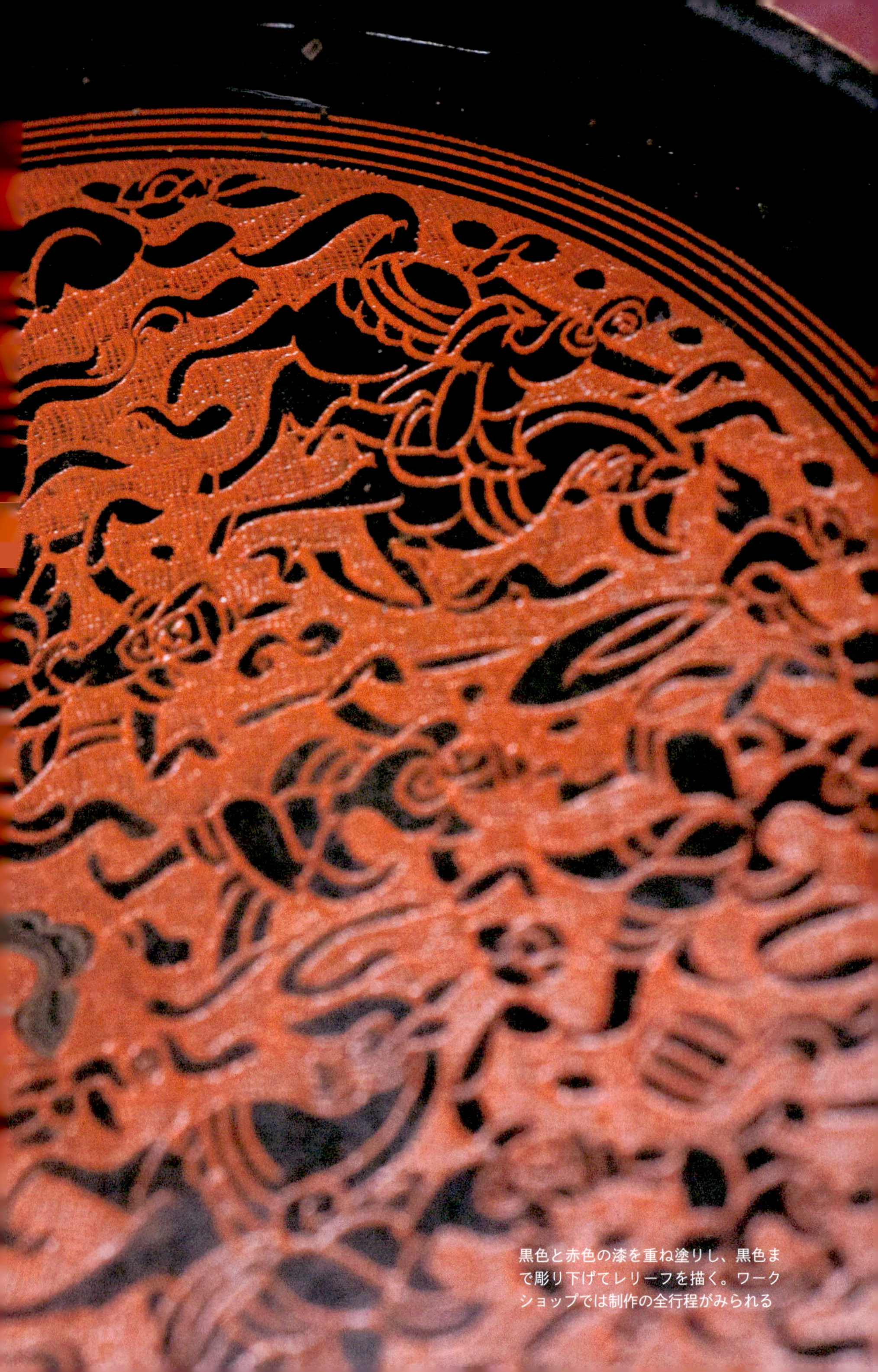

黒色と赤色の漆を重ね塗りし、黒色まで彫り下げてレリーフを描く。ワークショップでは制作の全行程がみられる

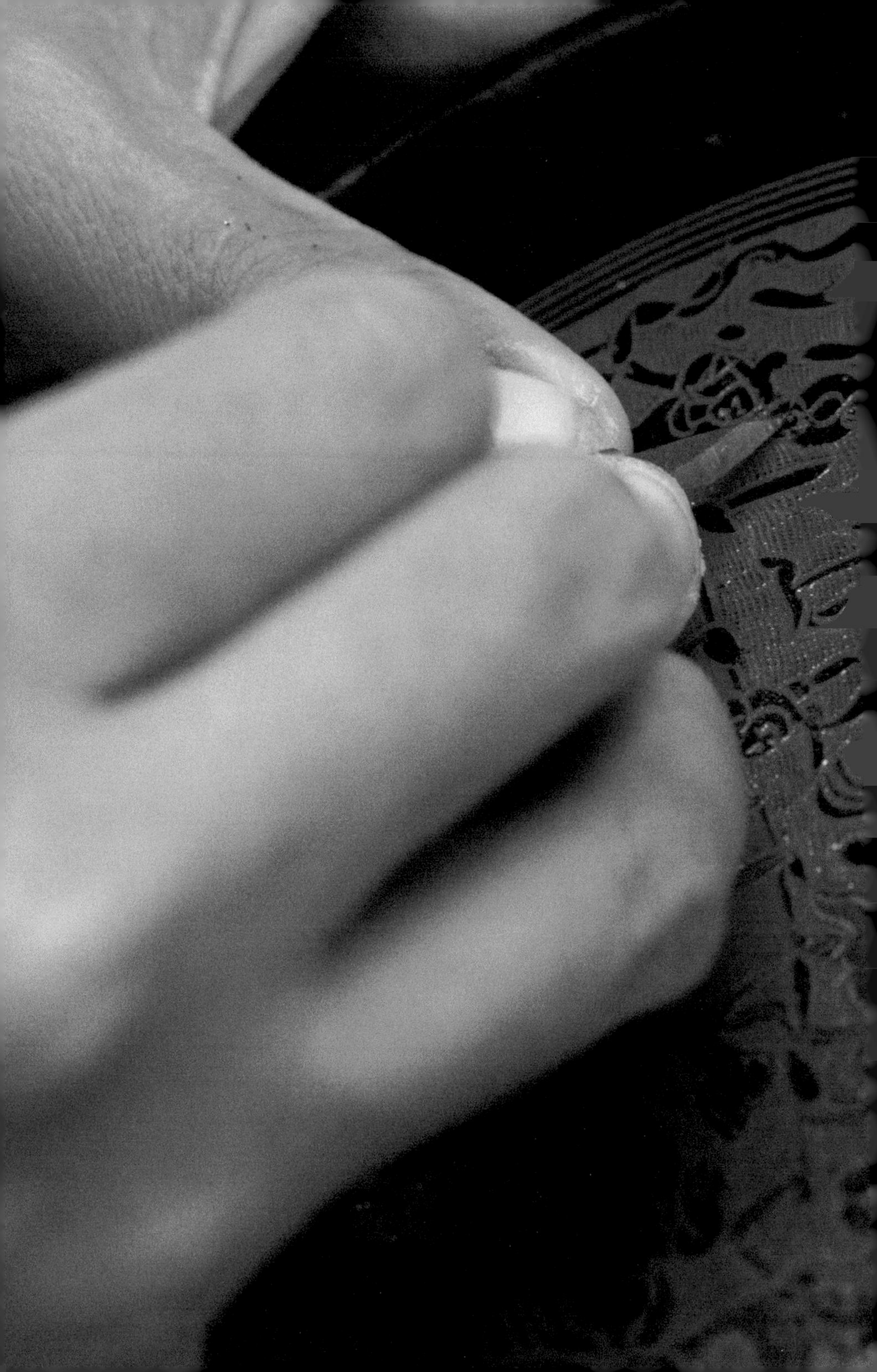

竹を薄く割いた竹ひごで、漆器の地の器をつくっているところ

積んだ。その願いは際限もなく、聖地バガンの土地を埋め尽くすまで、パゴダを建立し続けたのだった。

漆器のお土産

ミャンマーのハンディークラフトといえば、細やかな装飾が施された漆器が有名だ。お椀や蓋つきの器、お盆や壺。台付きの丸いお膳もある。これらの漆器は、少し前までは、家庭で使われる日用品だった。蓋つきの壺は、発酵調味料ンガピを入れる保存容器。仕切りのある丸く浅い容器は、ラペを入れてお客さんをもてなすもの。細かい装飾が施されたキンマなどの嗜好品をしまう専用の箱には、金や宝石をあしらったものもある。托鉢用の鉢、仏像の日よけの傘も漆塗りだ。

漆器をつくるには、竹を細く割いてコイル状にまとめたり編んで地の器を形成する。上質の器は、より軽

漆器に砕いた卵の殻をのせて模様を描いてゆく

くしなやかな柔軟性をもたせるために馬の毛が横糸として用いられる。この地の器を漆でコーティングし装飾を施す。漆塗りにもいろんな技法があり、デザインに合わせて施される。漆のオリジナルの色は黒だが、そこに様々な顔料を加えて鮮やかな色をつくり出す。この色づくりは職人の秘技で妻にも教えられないという。

パガンは漆器づくりは盛んだが、漆は採れない。中国雲南省に接するシャン州が漆の産地だ。漆塗りの起源は、中国南部と考えられているが、中国雲南省に住む人たちとシャン州に住む人たちは親戚同士でもある。

十九世紀の英領ビルマ時代、ビルマのイギリス人高官から各国大使へのお土産は、艶やかに光る漆塗りの箱だった。王族の宝石を納めたり、書状を入れるのに使われたそうだ。今でも、ミャンマーの漆器は、土産物の中で気品ある魅力を放っている。

悠々と流れる大河エーヤワディー。ヒマラヤの源流からミャンマーの国土を横断するように南へと下りアンダマン海へ注ぐ。昔も今も各所に河港を擁する水運の要。様々なものを繋いでいる

column

王者の秘仏五カ所参り

ビルマ人の最初の王朝であるバガン王朝は、アノーヤター王が建てたと考えられている。アノーヤター王は、毎日、5つの仏像にひとつの願いを祈願していたそうだ。その仏像が、パガンのパゴダに祀られている。彼と同じように、ひとつの願いを5つの仏像に祈願すると願いがかなうと伝えられている。その仏像は、下記のパゴダに安置されている。お参りは、午前中に済ませるのがよい。

1 Shwesandaw Pagoda シュエサンドーパゴダ　釈迦の毛髪が納められているといわれるパゴダ。1057年にアノーラータ王建立。かつてはテラコッタタイルに描かれた仏陀の物語ジャータカで覆われていた。
2,3 Dhammayazika Pagoda ダマヤジカパゴダ　1196年にナラパティシードゥー王によって建立されたパゴダ。テラコッタタイルに描かれた仏陀の物語ジャータカが残っている。
4 Tarmani Pagoda ターマニパゴダ　アノーヤター王によって建てられたパゴダ。このパゴダには、仏像だけでなく石になった魚が水槽の中にいる。3回頭を撫でると願いがかなうという。
5 Lawkananda Pagoda ロカナンダパゴダ　エーヤワディー川の畔にあるパゴダ。1059年アノーヤター王によって建てられた。仏陀の歯のレプリカが祀られている。

ターマニパゴダの中。中央の仏像とその左脇にある石の魚に参拝する

Bagan Map
バガンマップ

column

ミャンマー雑貨のお土産

ミャンマーテイストを持ち帰る。暮らしのシーンで見つけた品々

ノスタルジックな柄の食器は種類が豊富

知人宅のタナカを塗る鏡台の前にあったのと同じ籐製のチェスト

正装用のエンヂーとロンヂーは、艶やかに

お菓子屋さんが椰子砂糖の飴を入れていた竹製の容器は、蛇腹式の傘付き

細密画の施された漆器のお椀。軽くてしなやか

樹齢100年の綿の木の綿花からつくったというロンヂー。歴史ある織物の国ならではの売り文句

みんなが持っているステンレス製のランチボックス

笑顔のだるま、ピッタイダウン。「どんな時でも笑顔で立つ」

フクロウのお守りジィグゥエ。雄雌一緒におくと幸せを呼ぶ

スパンコールをちりばめた草履。色が豊富でロンジーに合わせて選べる

ミャンマーのカレンダーは縦書き！

午後の紅茶は、ガラス製の小さなカップで

モヒンガースープのレトルト。魚の身がたっぷり入っている

発酵茶葉の和え物ラペトゥの具材セット。茶葉、豆や干し海老などが入っている

牛乳を加えて作る濃厚なミルクティー。ラペイエサインの味を再現

旅の基本情報

ヤンゴンへのアクセス

日本からヤンゴン国際空港への直行便は全日空がある。経由便では、タイのバンコク、マレーシアのクアラルンプール、中国各都市などを経由して行ける。

ヤンゴン国際空港から街へのアクセス

◎リムジンタクシー：空港のリムジンカウンターで申し込む。
◎パブリックタクシー：行き先を告げ値段を交渉をしてから乗る。
◎空港シャトルバス（YBS）：空港からヤンゴン市内のホテルやパゴダを通ってヤンゴン中央駅までを結んでいる。4:00〜22:00まで約10分おきに運行。料金は500チャット。終点までの所用時間は渋滞にもよるが1〜1時間半ぐらい。以下の停留所がある。
Yangon Int'l Airport – 8 Mile Junction – Yangon Hote – Nawaday Cinema – Kabar Aye Pagoda – Sedona Hotel Yangon – Myanmar Plaza – Melia Hotel Yangon – Excel Hotel – Shwe Gone Dine – Shwedagon Pagoda – Zoological Garden – Parkroyal Hotel Yangon – Thamada Cinema – Sule Shangri-la Yangon – Sule Square – Sule Pagoda – Yangon Central Railway Station

ヤンゴンからバガンへのアクセス

ヤンゴンから直行、またはマンダレー経由で行ける。フライトは、マンヤダナーボン航空、ゴールデンミャンマー航空、ミャンマーナショナル航空、エアKBZが運行している。

携帯端末

空港や街で、各通信会社のSIMカードが販売されている。購入して即使える。
チャージはプリペイドなので必要に応じてチャージできる。

査証

観光ビザに関しては、ビザなしで渡航が可能。（2019年9月現在）

通貨・両替

ミャンマーの通過はチャット（Kyat）。両替は、空港や市内でできる。
1000チャット＝70円（2019年9月4日現在）
現在一般に流通している紙幣の種類：50、100、200、500、1000、10000

ヤンゴン市内の交通

◎パブリックタクシー：タクシーは多い。料金は交渉。
◎路線バス：市内を巡る90を越えるルートがある。
◎列車：ヤンゴン市内を走る49.5kmの環状線。ヤンゴン中央駅から国際空港近くのミンガラドン駅、西のインセイン駅を通り38の駅を結ぶ。1周の所用時間は約3時間。

◎フェリー：ヤンゴンと対岸のダラー地区を結ぶフェリー。ダウンタウンのストランドホテル向かいにフェリーポートがある。片道10〜15分程度。

◎ヤンゴン水上バス Yangon Water Bus：インセイン埠頭からボタタウンまでを約1時間半で結ぶ。本数は1日15本程。ヤンゴン観光にもいい。サンライズとサンセットに合わせた観光船の運行や、週末限定で近隣観光スポットへの特別企画船も運行している。

https://www.facebook.com/yangonwaterbus/

Tel : 09-952553777、09-694572748

ヤンゴン川を運行しているヤンゴン水上バス。涼風を感じながら、船のショートトリップを楽しめる

その他情報

◎在ミャンマー日本大使館

No.1 Natmauk Road, Bahan Township, Yangon　Tel : 01-549644〜8

◎在日ミャンマー大使館

東京都品川区北品川4-8-26　Tel : 03-34419291

病院・クリニック

◎Asia Royal Hospital

No.14, Baho Road, Sanchanung Township, Yangon

Tel : 01-538055, 01-2304999

◎Samitivej Parami international clinic

11F, 60-G1, Parami Road, Mayangone Township, Yangon

Tel : 01-657987,09-448006093

◎Yangon general Hospital

Bogyoke Aung San Road, Yangon　Tel : 01-256112〜139

◎Sakura Tower Dental clinic

Sakura Tower (2nd. Floor) 339, Bogyoke Aung San Road, Kyauktada Township, Yangon　Tel : 01-255118

旅を楽しむためのミャンマー語会話集

レストランで

客: တဆိတ်လောက်《タセィッラウ》 မီနူးပေးပါ《ミヌーペーバー》	すみません（店員を呼ぶ）。メニューをください。
ကျေးဇူးတင်ပါတယ်《チェーズデンバーデ》	（メニューを受け取り）ありがとう。
店: ဘာသောက်မှာလဲ《バタウマレ》	飲み物は何にしますか?
客: ဘီယာပေးပါ《ビヤ ペーバ》	ビールをください。
ဗိုက်ဆာပြီ《バイサービ》	お腹すいたなー。
ဘယ်ဟင်းကောင်းလဲပြောပြပါ《ベーハーカウンレーピョーピャーパー》	お勧めの料理を教えてください。
店: ဘာဟင်းကြိုက်လဲ။《バーヒンチャイレー》	何のおかずが好きですか?
客: ဝက်သားဟင်းကြိုက်တယ်။《ウェッターヒンチャイテー》	豚肉のおかずが好きです。
店: ဒီဟာစားပါလား《ディーハサーバーラー》 စားကောင်းတယ်《サーガウンデ》	これはいかがでしょう。とても美味しいです。
客: အဲစားကောင်းမဲ့ပုံဘဲ《エーサーガウンメブベ》	わー、美味しそう。

ショッピングで

客：တခြားအရောင်ရှိလား《タチャーアヨォンシーラー》	色違いはありませんか?
店：ရှိတယ်《シーデ》	あります。
客：ဝတ်ကြည့်ချင်တယ်ရမလား《ウォーチ チンデヤマラ》	試着していいですか?
店：ရပါတယ်《ヤバデ》	いいですよ。
客：ဘယ်လိုလဲ《ベロウレ》 လိုက်ရဲ့လား《ライッイエラ》	どう? 似合ってる?
店：အရမ်းလိုက်တယ်《アヤンライデ》	よく似合ってますよ。
客：မြန်မာနဲ့တူလား《バマネトゥラ》	ミャンマー人に見える?
店：တူတယ်တူတယ်《トゥーデトゥーデ》	見える、見える。
客：နည်းနည်းကြီးတယ်《ネネジーデ》 ပြင်ပေးမလား《ピンピマラ》	ちょっと大きい。直せますか?
店：ပြင်ပေးမယ်《ピンピンメ》	直せます。

タクシーで

客：ရွှေတိဂုံဘုရားအထိဘယ်လောက်လဲ《シュエダゴンパヤーアティベラウレー》　シュエダゴンパゴダまでいくらですか?

タクシー：သုံးထောင်ပါ《トータウバ》　3000です。

客：ဟုတ်ကဲ့《ホウッケ》　OKです。

ミャンマーでの挨拶

A: နေကောင်းလား《ネイガウンラ》　元気ですか?

B: နေကောင်းတယ်《ネイガウンデ》　元気です。

A: ထမင်းစားပြီးပြီလား《タミンサーピビラ》　ご飯は食べましたか?

B: စားပြီးပြီ《サーピビ》　食べました。

コミュニケーションを盛り上げる表現

驚いたとき：အဲ《エー》　えー！

相づち：အော်《エー》 ဟုတ်လား《ホウラ》　へー、そうなの（声の調子は話の善し悪しに合わせて）

疑問に思ったとき：အော်《エー》 တကယ်လား《ダゲラ》　えー?　ほんと?

嬉しいとき：အား《アー》　わーい！ やったー！

戸惑ったとき：ဟင်《ヘェ》 ဘာလဲ《バレ》　えっ!?　なに?

数字

0	1	2	3	4	5	6	7	8	9
၀	၁	၂	၃	၄	၅	၆	၇	၈	၉
トゥンニャ	ティッ	ンニッ	トゥン	レー	ンガー	チャウ	クゥンニッ	シッ	コー

おわりに

ミャンマーは、人を引きつける深い魅力がある。なにしろ広いし、食も暮らしも何もかも、いろんなスタイルがあって多元的。まるで世界のあらゆるものがここに凝縮されているように感じられてくる。とくに食に興味のあるわたしは、あれも聞けばよかった、これも食べてみたかったととめどなく興味が募り、また行かなくちゃと思うのだ。

ミャンマーに行くと、会う人みんなが私の先生だ。タクシーの運転手さんも、お菓子売りのおばさんも、ラペイエサインのナン職人も、楽しく話しているうちにいろんなことを教えてくれる。教えていただいたことから、また新たな視点が開け、ミャンマーだけでなくアジアを楽しむ世界も広がっていく。

私のミャンマーとの出会いは、日本で知り合ったミャンマー人のご夫婦だった。気品があって物腰が穏やかで、初めて会った時、ビルマの王子様とお姫様ってこんな感じだろうかと思ったのだった。ミャンマーを実際に訪れるまで、奥様のピョンピョンモンさんとご主人のトンリンさん二人が私にとってのミャンマーで、いろいろなことを教えていただいた。この本をつくるにあたっても快く協力してくださり深く感謝していま す。ミャンマーでは、お二人のご家族にとてもお世話になりました。ミャンマーに行くきっかけをくださった、雑誌スケープスの山口あゆみさん、盆子原明美さん、三輪真樹子さん、飯野景子さん、希少な細密画の描かれたミャンマー漆器を提供してくださった前沢直美さんに感謝しています。

ミャンマーのことを本にする機会をくださった書肆侃侃房代表の田島安江さん、著者のわがままな要求に応えてくださった編集の池田雪さんに深く感謝申し上げます。

沙智

参考文献

『黄金のパゴダ　ビルマ仏教の旅』樋口英夫著・写真　大野徹・杉江幸彦著（佼成出版社）
『ミャンマー　東西南北・辺境の旅』伊藤京子著（めこん）
『物語　ビルマの歴史』根本敬著　中公新書（中央公論新社）
『ミャンマーを知るための60章』田村克己・松田正彦編著（明石書店）
『もっと知りたいミャンマー』綾部恒男・石井米雄編集（弘文堂）
『暮らしがわかる〈アジア読本〉ビルマ』田村克己・根本敬編集（河出書房新社）
『イギリス帝国の歴史　アジアから考える』秋田茂著　中公新書（中央公論新社）
『アジア交易圏と日本工業化 1500-1900』浜下武志・川勝平太編集（藤原書店）
『釈尊の生涯』豊原大成著（法蔵館）
『ビルマ佛教　その実態と修行』生野善應著（大蔵出版）
『講座　仏教の受容と変容2　東南アジア編』石井米雄編集（佼成出版社）
『アジアに生きるイスラーム』笹川平和財団（イースト・プレス）
『岩波講座東南アジア史1　原始東南アジア世界』（岩波書店）
『岩波講座東南アジア史2　東南アジア古代国家の成立と展開』（岩波書店）
『岩波講座東南アジア史4　東南アジア近世国家群の展開』（岩波書店）
『世界史をつくった海賊』竹田いさみ著　ちくま新書（ちくま書房）
The Food of Myanmar: Authentic receipies from the Land of Golden Pagodas, Claudia Saw Lwin Robert, Wendy Hutton, SanLwin, Win Pe (Periplus Editions (HK) Ltd.)
Burmese Crafts: Past and Present, Sylvia Frasee-Lu (Oxford University Press)
Shwedagon: Golden Pagoda of Myanmar, Elizabeth Moore, Hansjörg Mayer, U Win Pe (River Books)
Curry a biography, Lizzie Collingham (Chatto & windus)

著者プロフィール

沙智（Sachi）
写真家。東南アジアの農業経済を学んだのちタイの大学に留学、写真芸術を学ぶ。1995年よりバンコクを拠点とし、アジア諸国の「食」と「暮らし」の撮影を開始。バンコクのラーチャモンコンロイヤルフォトアートライブラリーにおいて、タイのお菓子を取材した写真展『Thai Sweets Story』が開催される。以後アジアの食文化を中心にユニークな視点で取材し、日本の月刊誌や機内誌に発表し続けている。日本ではあまり知られていない「アジア諸国の伝統米菓子」の研究がライフワーク。著書に『アジアンスイーツ』(柴田書店)、『タイ料理の教科書』(学研プラス）など。

写真：沙智
装丁：大村政之（クルール）
DTP：成原亜美（書肆侃侃房）
編集：池田雪（書肆侃侃房）
※本書の情報は、2019年9月現在のものです。発行後に変更になる場合があります。

KanKanTrip 23
ヤンゴンの休日　黄金郷のスローライフ

2019年10月14日　第1版第1刷発行

著　者　沙智
発行者　田島安江
発行所　株式会社書肆侃侃房（しょしかんかんぼう）
〒810-0041 福岡市中央区大名2-8-18 天神パークビル501号
TEL 092-735-2802　FAX 092-735-2792
http://www.kankanbou.com　info@kankanbou.com
印刷・製本　アロー印刷株式会社

ISBN978-4-86385-381-2 C0026